化学三部曲

化学与文化

黄　梅　陈世廷　付文升　主编

科学出版社
北　京

内 容 简 介

本书共分为五篇。首先，从文化的本质引申到化学的文化价值，展现化学文化是科学与文化的结晶。然后，从菜肴、茶饮、酒水中的传统文化、化学知识展开叙述；从服装材料、服饰染料与化学的联系入手，让读者对服装发展史有深入的了解；从日常生活中多个方面，如烟花、胶片、建筑等，以专业化学知识揭示其文化的起源。最后，从化学元素符号、艺术、语言等多个角度展现化学文化的深厚底蕴。

本书的读者对象主要为青少年，通过本书的学习将进一步激发青少年对化学学科浓厚的学习兴趣和热情，引导他们学会思考，促进青少年形成“爱化学、学化学、用化学”的思维方式。

图书在版编目（CIP）数据

化学与文化/黄梅，陈世廷，付文升主编. — 北京：科学出版社，2021.11

（化学三部曲）

ISBN 978-7-03-070249-4

Ⅰ.①化… Ⅱ.①黄… ②陈… ③付… Ⅲ.①化学—关系—文化 Ⅳ.①O6-O5

中国版本图书馆CIP数据核字（2021）第215729号

责任编辑：丁 里 / 责任校对：何艳萍
责任印制：吴兆东 / 封面设计：陈 敬

科学出版社 出版
北京东黄城根北街16号
邮政编码：100717
http://www.sciencep.com

北京中科印刷有限公司 印刷
科学出版社发行 各地新华书店经销

*

2021年11月第 一 版 开本：720×1000 1/16
2024年 1 月第三次印刷 印张：16 1/4
字数：257 000

定价：59.00元

《化学与文化》编写委员会

主　编　黄　梅　陈世廷　付文升

副主编　李五海　曹书梅　孙佳林　叶祥芳　何　英

编　委　（按姓名汉语拼音排序）

曹书梅　陈世廷　陈心楠　付文升　傅正伟

何　英　黄　梅　李凤兰　李五海　李小琴

卢巧灵　马　镜　牟华成　冉珊榕　孙佳林

唐大才　王淑婷　向　小　向时武　叶祥芳

张译之　朱　敏

前　言

化学的发展推动着社会不断向前进步，而社会的进步又将进一步促进化学的发展。诺贝尔化学奖获得者西博格曾评价“化学是人类进步的关键”。化学在人类认识自然、改造自然的过程中都发挥着不可替代的作用。

本书立足于化学与文化的本质，旨在向社会大众主要是青少年普及化学基础知识，使人们更加关心且更全面、多方位了解从古至今化学在社会文化中的重要性。本书主要从生活文化的各个方面切入，多角度介绍其中所包含的有趣的化学知识。编者从家常菜肴、茶水酒水、传统服饰、特色建筑、古典瓷器等入手，带领读者追溯并还原其背后的文化历史，解析这些光彩夺目的事物的化学真面目，让读者了解生活中的衣食住行各个方面都与化学息息相关。

本书是众多编者共同努力的结果，感谢全体编委对书稿编写的辛苦付出，以及陈柳、崔优、范婷婷、黑丽、秦娟维、申晓洁、涂南宁、徐凯、张涛涛、钱璐洁、钟得洪、邢若琳、苏益凡、任艳玲、陈泽慧、李劲潮、李婧源等学生在书稿后期校订工作中做出的贡献。此外，在此特别向参与编写工作的忠州中学以及资助本书出版的西南大学教务处和重庆师范大学教务处表示最诚挚的感谢！

由于编者水平有限，本书内容难免有不妥之处，希望广大读者提出宝贵意见和建议，以便对本书进行修改和完善。

编　者

2021 年 2 月于西南大学

目　录

文　化　篇

饮 食 篇

服 饰 篇

生 活 篇

化 学 篇

文 化 篇

1 文化的本质

萤窗小语

一定的文化（当作观念形态的文化）是一定社会的政治和经济的反映，又给予伟大影响和作用于一定社会的政治和经济……

——毛泽东

1.1 文化的含义

古代对于“文化”的解释，清代陈昌治刻本《说文解字》中提到“文，错画也，象交文”；“化，教行也”。意为“文，指交错的笔画或纹理”；“化，指教化施行”。当时的文化有“以文教化”之意。如今，随着社会生活的丰富及发展，“文化”这个词似乎可以和现实生活中的任意领域搭配，如科技文化、旅游文化、企业文化、校园文化、网络文化、饮食文化等，可以说文化已经渗透到人们生活的方方面面。因而，此时的“文化”二字再用“以文教化”来解释不免片面。

从古到今，人们对“文化”这一概念的界定总是随着社会环境的变迁而演变。因为不同时期的文化中往往蕴含着相应的文化观念及价值取向，而观念的价值形态随社会意识形态的发展而发展，这种不确定性是导致文化概念定义不明晰的根本原因。

美国著名人类学家克罗伯（Kroeber）和克拉克洪（Kluckhohn）在《文化：关于概念和定义的检讨》一书中统计过，由人类学家、社会学家以及其他各类学者对“文化”一词的定义已经达到160多个。在如此纷繁的定义中，要深刻理解文化含义的本质可以说是十分困难的，因此我们需要对文化含义的演变及其渊源进行了解。

在中国，“文化”一词最早出现在《易·贲卦·彖传》中对贲卦的释意：“小利有攸往，天文也；文明以止，人文也。观乎天文，以察时变。观乎人文，以化成天下。”这里的文化取“人文化成”之意，就是说文化一旦形成，便能起到“化人”的作用，可以看出此时的文化包括天文、地文、文明。汉语中将“文化”二字合而为一最早出现于西汉刘向《说苑·指武》：“圣人之治天下也，先文德而后武力。凡武之兴，为不服也。文化不改，然后加诛。”

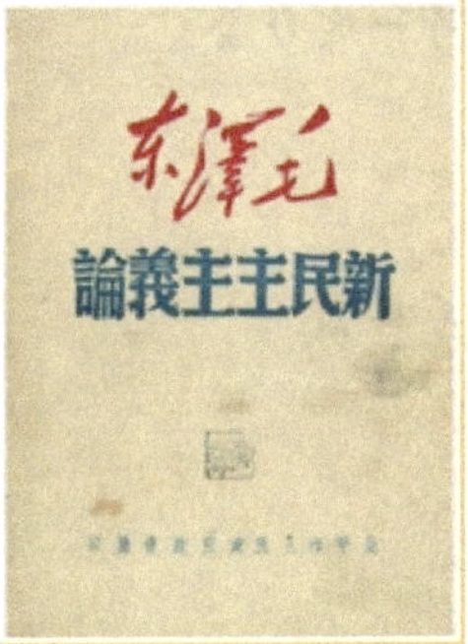

此处“文化”的基本含义转变为“文治教化”。可以说，在中国古代，文化一直是作为文治教化、礼乐典章制度使用。在近代，毛泽东吸收了马克思、列宁等的思想后，在阐述新民主主义文化定义时，其基本观点包括：第一，这种文化，只能由无产阶级的文化思想即共产主义思想去领导，而不能由任何别的阶级的文化思想去领导；第二，这种文化与新民主主义革命的性质和任务相适应，因此它既不是资产阶级专制主义的文化，也不是社会主义文化；第三，这种文化具有民族的、科学的、大众的文化特征和基本内容。由此可见，从古至今在中国对于“文化”的定义中，思想、道德总是文化的主要内容。

纵观国外历史，“culture”一词是从拉丁语 colere 演变而来。其原意是指人改造外部的自然界使之超乎单纯的自然状态，从而适应于满足人类需要的过程，如人类对土地的耕耘、加工和改良。随着时间的推移，这一名词的意思发生了转变，古罗马著名演说家西塞罗（Cicero）在他的“智慧文化即哲学”这句名言中把文化的含义确切地表达出来了。17世纪，该概念的内在含义进一步外延，此时的文化已经包含了一切经人为力量作用于自然物之后的成果——文化（culture）指的是所有文化产品之总和，随后逐渐转化引申为培养、教育、发展、信仰、尊重等含义。英国人类学家泰勒（Tylor）在《原始文化》“关于文化的科学”一章中对文化所下的定义是经典的，他写道：“文化或文明，就其广泛的民族学意义来说，是一个复合整体，包括知识、信仰、艺术、道德、法律、习俗以及作为一个社会成员的人所习得的其他一切能力和习惯。”由此可见，在西方“文化”一词往往还蕴含着政治的、社会的意义。

泰勒（1832—1917）

“文化”一词对于东西方来说虽然来源不一样，但殊途同归，现在都指的是人类社会的精神现象的综合，又或者是泛指一切人类生命活动中创造出的物质和非物质的总和。因此，文化这一概念，其实就是一个民族在历史长河中积淀下来的活动成果，而一般又将其分为广义和狭义两个部分。广义文化指的是精神、物质和制度的总和；狭义文化则指的是艺术、语言、文学及一切宏观意识形态的精神文化。

文化有不同的分类方法（图 1-1）。其中，物质文化指的是为满足人类生存和发展需求而创造出来的物质综合，涵盖了生活的方方面面，是地方特色文化在物质方面的体现。而精神文化是人类在进行物质文化生产基础上衍生出的一种人类所特有的意识形态，也就是人类各种意识、观念形态的集合体，可以说精神文化的范畴就是科学、艺术和道德。

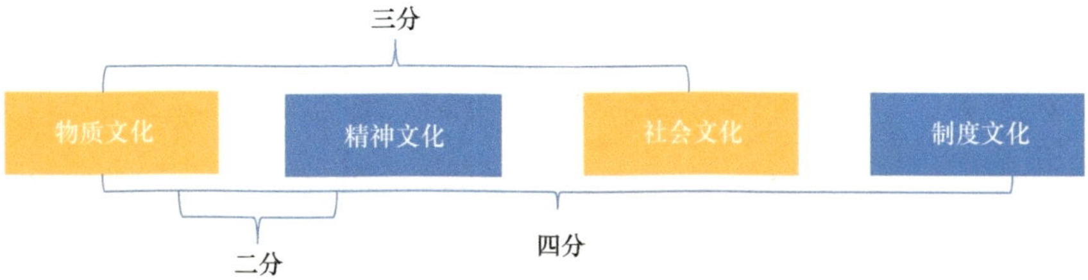

图 1-1　文化分类方法（部分）

1.2 文化的作用与影响

1.2.1 文化的作用

文化在其本质上是没有具体形态的，是观念性的概念，往往代表着某些特定的价值取向，体现的是内涵所在。然而可以说文化无处不在，因为它可以通过各种载体来体现。不同的载体所承载的文化有特定的意义，这些意义使得人们对这些物品寄托了非一般的感情。从古到今，文化始终和“教化”二字密切相关。可以说，文化的作用精髓便在于其具有“教化”的作用。

1. 传递文明

文化具有传递文明的作用。文化以语言和文字为重要载体，将传播功能与文化的记录功能、认知功能紧密相连，把文明的火种撒向四面八方。

在文字没有出现的年代，人们就通过语言、壁画等形式使经验、知识、观念流传开来。例如，民谚“早雾晴，晚雾阴”就是民间经过长期观察和总结得出的结论。发现这一规律的先辈将此民谚作为经验传给后辈，之后代代相传至今。

关于文化的“教化”

人是文化的动物。在人的社会化过程中，文化环境起着至关重要的作用。入学后，学校教他知识，教他纪律。社会上各种风俗习惯、礼仪礼节，道德伦理、法律规章，都在引导他适应社会。文化通过潜移默化，以润物细无声的方式，使人按照社会的价值取向来思想和行动。正是由于文化对人的影响具有潜移默化这一特点，因而文化的教化功能又可以称为“默化功能”。

现代社会中流行歌曲之所以能广为流传，新颖时装之所以能畅销各地，高新技术之所以能推广普及，靠的就是文化的传播功能。在漫长的岁月中形成的文化习俗、文化氛围、文化传统，潜移默化而又深远持久地影响人们，引导人们形成自己独特的思维方式和思维习惯，这也正体现了文化具有承载和传递文明的功能。

恩格斯
(1820—1895)

巴尔扎克……他在《人间喜剧》里给我们提供了一部法国“社会”，特别是巴黎“上流社会”的卓越的现实主义历史……我从这里……所学到的东西，也要比从当时所有职业的史学家、经济学家和统计学家那里学到的全部东西还要多。

——恩格斯

文化的这种传递文明的功能，使个人可以在较短的时间内掌握人类在较长的时间中积累的经验、知识和价值观念。这实际上就是一种“教化”。如果没有这种“教化”，那么，我们就一切都要“从头开始”“重新开始”，现在仍然是原始人。

2. 规范行为

人既有社会属性，又有自然属性；既有理性的一面，又有非理性的一面。文化的作用是通过社会规范“化”人，以借此发挥理性对人的行为的主导作用。对于整个社会而言，无论社会制度如何变化，仍然有必要学习和继承过去的文化，并通过文化了解和认知历史和社会。每个社会都会通过家庭启蒙、学校教育、社会示范、公众舆论等文化手段，将社会规范加之于个人，以实现文化的规范和约束作用。文化所代表的就是历史积淀下来的，并被特定社会、一定群体所共同认可、遵循的行为规范，它对个体的行为具有潜在的给定性和约束性。先进积极的文化可以教育人，而落后腐朽的文化对人的消极影响也不可低估。

3. 凝聚力量

作为价值体系和行为规范，文化提供关于美与丑、好与坏、是与非、善与恶等的社会标准，并且通过提高人们的认知水平和思想境界凝聚社会力量。社会的发展仰仗于社会力量的凝聚，社会力量的凝聚依赖于民族认同，而民族认同主要来自文化认同。

1.2.2 文化的影响

文化是一种精神力量，它存在于人类认识和改造世界的过程之中，并且不断地影响着这一过程。它不但影响个人的成长，甚至会影响一个民族、一个国家的发展，见图 1-2。

文化与政治、经济相互影响。文化由经济基础、政治制度所决定，又反作用于政治、经济，同时给予政治、经济以重大影响。文化是软实力，是在国际竞争中维护国家利益和安全的重要精神武器。

要注意的是，不是文化决定政治、经济和社会，而是社会的政治制度以及经济形式决定着文化，同时文化又影响着政治、经济的发展。

1.3 文化的传承与发展

1.3.1 关于传承

文化是人类在社会活动过程中所创造的物质财富和精神财富的总和，而文化传承就是指这些财富在上下两代人之间的传递和继承的过程。文化传承问题不是一件机械死板的事，也不是建几个传统文化基地就可以轻松解决的，更不是搞虚伪的形式主义就可强化的。文化传承，需要的是言传身教，脚踏实地，需要鲜活的思想和生命。如果文化传统在上一代人身上就已经死亡了，那么下一代人还承接什么呢？

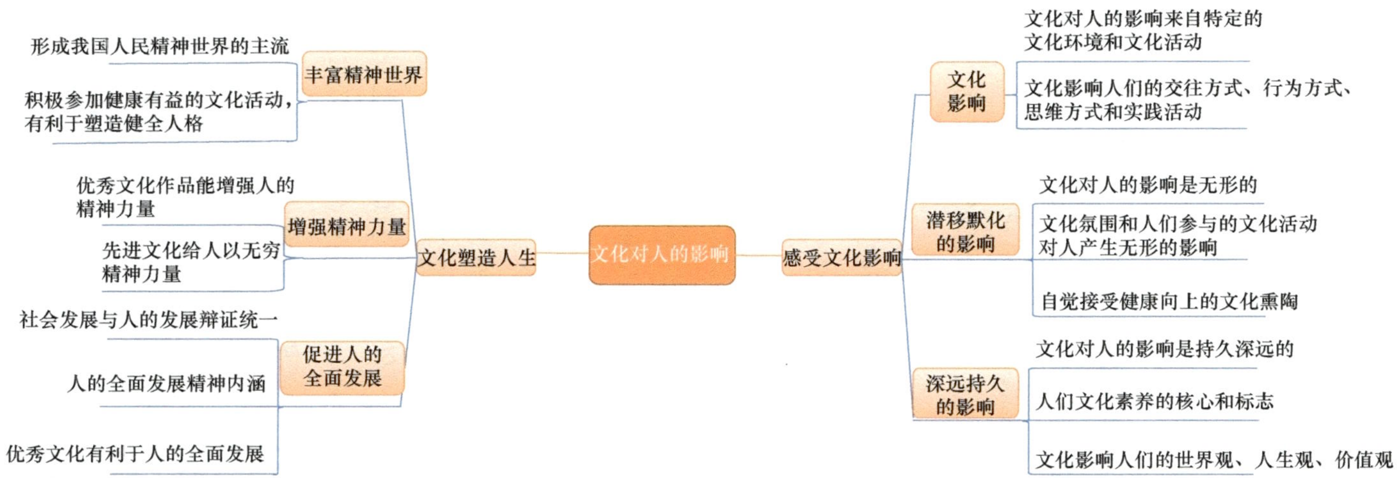
形成我国人民精神世界的主流
积极参加健康有益的文化活动，有利于塑造健全人格
丰富精神世界
优秀文化作品能增强人的精神力量
先进文化给人以无穷精神力量
增强精神力量
社会发展与人的发展辩证统一
人的全面发展精神内涵
优秀文化有利于人的全面发展
促进人的全面发展
文化塑造人生
文化对人的影响
感受文化影响
文化影响
文化对人的影响来自特定的文化环境和文化活动
文化影响人们的交往方式、行为方式、思维方式和实践活动
潜移默化的影响
文化对人的影响是无形的
文化氛围和人们参与的文化活动对人产生无形的影响
自觉接受健康向上的文化熏陶
深远持久的影响
文化对人的影响是持久深远的
人们文化素养的核心和标志
文化影响人们的世界观、人生观、价值观

图1-2 文化对人的影响

继承与发展是同一个过程的两个方面，在此过程中，不断去除过时的旧文化，推出符合时代精神的新文化。掌握好文化继承和发展的关系，有选择性地继承传统文化，才能使文化的精华得以延续。

1.3.2 关于发展

文化的发展还需要创新和融合。

以服饰文化的发展为例。远古时期，人们用树叶、兽皮等遮体御寒。新石器时期，人们开始学会把藤麻纤维用石轮或陶轮搓捻成线，再织成麻布，做成衣服。到了奴隶社会，人们的服饰已经成为阶级等级的标志。服饰除了保暖、遮羞功能，还有了区分身份等级的功能。随后，中国的古代服饰在与各民族服饰融合的基础之上，先后经过多次变革，最终发展为近代、现代中国服饰，而且到目前为止还在不断变化中。从一定意义上说，没有革故鼎新、推陈出新，就没有文化的发展，也就不会有历史和社会的发展。中国目前阶段的文化创新，就是立足于当代文化建设的现状，整合本土文化和全球文化的合理资源，变革创新、继往开来，批判继承、创造转化，演变出新型的文化形态，这就是创建超越中国传统文化和资本主义文化的新文化，也是体现中国特色社会主义的文化。我们不仅是文化的享用者，更应该成为文化的创造者。

文化融合是指不同类型的文化互相了解、学习、渗透、融合，直至合为一体的过程。我们应该敞开心扉去促进文化融合，要知道，单一的色彩无力支撑一整张画布。近年来，不仅在文学方面，舞蹈也开始趋于中西融合。在杨丽萍的“映象”系列作品中，无不是在民族舞蹈的基础上汲取了西方的一些光影效果、舞台动作，才使观众欣赏到更加完美的演出。然而，文化融合并不是要放弃自己文化的主导地位去迎合其他文化，也不是将自己民族的灵魂都交给对方，仅残留下躯壳。在文化融合的过程中，切忌迷失本心，本末倒置，否则就如同邯郸学步，最终一无是处。坚守本民族文化，这是一切文化融合的前提，盲目学习西方只会丢失民族文化的灵魂。

面对全球化的大时代，地域的文化虽然也要珍惜，但决不应该固守。

——《大国大城：当代中国的统一、发展与平衡》，

陆铭著，上海人民出版社，2016年7月

2 化学学科的文化价值

诗情『化』意

《庄子·外物》记载：“木与木相摩则然（燃），……”

《韩非子·五蠹》记载：“民食果蓏蚌蛤，腥臊恶臭而伤害腹胃，民多疾病。有圣人作，钻燧取火以化腥臊，而民说之，使王天下，号之曰燧人氏。”

2.1 学科文化

学科是一个相对独立的知识体系，在认识和研究的过程中，根据知识的对象将人类知识分为若干组。长久以来，在探索、研究和发展学科知识的过程中，人们不断积累和传播各学科专有的语言、价值标准、伦理规范、思想和行为模式，形成自己的学科文化。克拉克在 1983 年出版的《高等教育系统——学术组织的跨国研究》一书中提出，学科文化是学术文化的基础，植根于每一个学科。有些研究认为，学科知识和信仰系统、学科知识和信仰系统的创造和传承、学科思维和语言方法、学科教学和研究习惯是学科文化的四个核心要素（图 2-1）[1]。

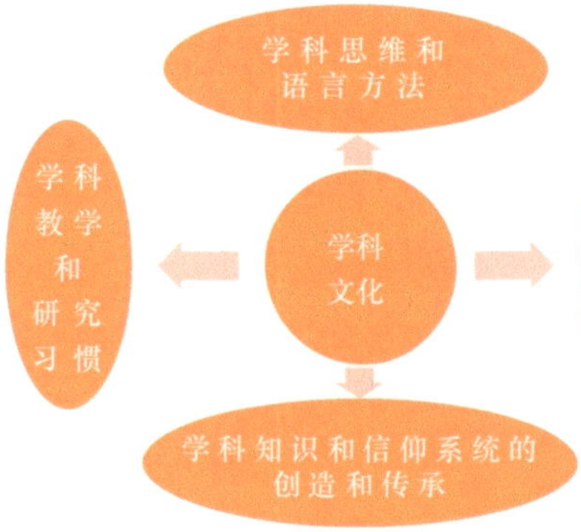

图 2-1　学科文化的核心要素

在学科知识的发展中，学科文化起着非常重要的作用。主要表现在：第一，学科文化中的价值观、信仰、标准和行为规范演变为研究者的个体文化后，就可以逐渐成为研究者发展本学科知识的内驱力；第二，学科偶像、经典著作、解决难题的经典案例等学科文化可以为学科共同体中的人员提供榜样、示范和不竭动力；第三，在学科文化的影响下，学科知识不断发展、分化、产生诸多新的研究领域，其中一些研究领域渐渐形成自己独特的研究方法、概念体系、理论基础，从而成为独立的学科。与此同时，不同学科和文化的相互吸收也是推动学科相互融合的动力 [2]。

严格说来，学科文化在文化分类上属于亚文化范畴，是社会文化的一种。与其他类文化相比，学科文化无疑算是相对稳定的一类，一旦产生这种相对稳定性，则不会轻易消除。之所以是相对稳定，是因为学科文化同时也是动态的。在学科发展的漫长过程中，学科文化通过细化、重组、整合等方式不断对自己的文化体系进行更新和补充。即使是不同的学科的每一个部分，都有相同的信

亚文化

亚文化又称集体文化或副文化，指与主文化相对应的那些非主流的、局部的文化现象，是在主文化或综合文化的背景下，属于某一区域或某个集体所特有的观念和生活方式。一种亚文化不仅包含与主文化相通的价值与观念，也有属于自己的独特的价值与观念。

仰，但是符号系统、价值观、学术精神等都是独立拥有的，这就是学科文化的构成部分。学科文化是一门学科发展是否成熟的重要指标。学科文化沉淀越深，学科才能更加展现出发展的意蕴。

因此，以发展的眼光来定义学科文化，它是指在发现学科的理论体系中创建，并由过去一代又一代的学者创建纪律的过程，以及思想、方法、概念、法律、语言符号、价值标准、科学精神和人文精神的总和，文化产品和工作方法。

2.2 化学学科的文化特征

化学是自然科学的一部分，它在分子和原子水平上研究物质的组成、性质、结构和规律；它是一门创造新物质的科学。世界是由多种物质构成的，化学是人类认识世界和改造物质世界的方法和手段之一。化学是一门历史悠久而又富有活力的学科，它的发展是社会文明发展的重要保障。从原始社会开始人类使用火，现代社会人类使用丰富多彩的人工材料，通过享用化学成果，人类的生活不断得到改善和提高，化学的贡献发挥着重要的作用[3]。

随着化学的不断发展，化学家按照所研究的分子的类别和研究手段、目的、任务的不同，衍生出不同层次的多个分支。化学的二级学科包括化学史、无机化学、有机化学、分析化学、物理化学、化学物理学、高分子物理、高分子化学、核化学、应用化学、化学生物学、材料化学、化学其他学科共 13 项，三级学科多达 62 项。

作为一门自然科学学科，化学的学科文化一直在发展。最新的学科文化则体现为化学学科核心素养的提出。随着信息化以及全球化时代的到来，传统的教育已经无法适应日益复杂的社会环境，人们更需要培养自己全方位的能力与素养，为了个体的全面发展以及社会的安定，每个人都要达到共同的关键、必要、重要的素养，即核心素养[4]。目前针对高中化学提出的化学学科核心素养（图 2-2）成为化学学科文化的最新成员。

2.2.1 宏观辨识与微观探析

通过在特定条件下观察和理解物质的形式以及变化的宏观现象，可以基本掌握物质的分类方法及其变化规律，并且通过使用符号对物质及其变化进

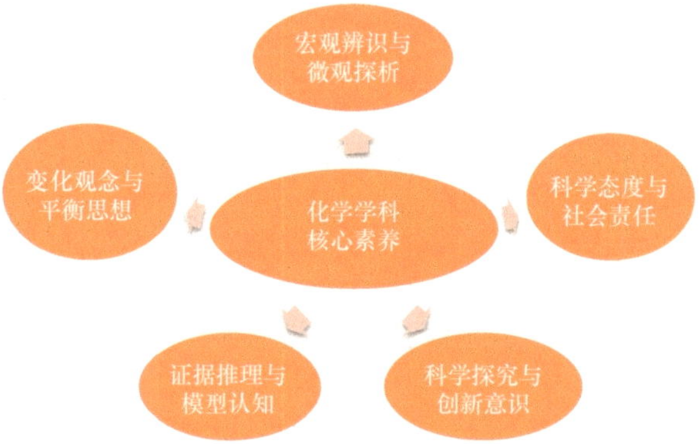

图 2-2 化学学科核心素养

行表征；从微观层面理解物质的构成、结构与自然的关系，形成“结构决定性质，性质决定用途”的逻辑；能够通过物质的微观结构预测物质在特定条件下的性质和可能的变化的能力。

2.2.2 变化观念与平衡思想

认识物质是不断运动的，物质的变化是有条件的；可以从内外因素、量变和质变等方面综合分析物质的化学变化，关注化学变化中的能量转化；能从不同视角对纷纭复杂的化学变化进行分类研究，逐步探索各类变化的特征和规律；能用对立统一、联系发展和动态平衡的观点考察、分析化学反应，预测在一定条件某种物质可能发生的化学变化。

2.2.3 证据推理与模型认知

能初步学会收集各种证据，并对物质的性质及其变化做出可能的假设；在证据的基础上进行分析推理，证实或证伪假设；能解释证据与结论之间的关系，确定形成科学结论所需要的证据和寻找证据的途径；能认识化学现象与模型之间的联系，能运用多种模型描述和解释化学现象，预测物质及其变化的可能结果；能根据物质及其变化的信息建构相应模型，建立解决复杂化学问题的思维逻辑框架。

2.2.4 科学探究与创新意识

发现和提出具有探究价值的化学问题，能依据探究目的设计并优化实验方案，完成实验操作，能够观察实验现象，通过实验、调查等方法获得结论；与同学一起交流实验结论，提出进一步探究或改进实验的设想；能尊重并承认事实和证据，不迷信权威，具有独立自我思考、敢于质疑和批判的创新精神。

2.2.5 科学精神与社会责任

具有终身学习的意识和严谨求实的科学态度；崇尚真理，形成在真理面前人人平等的意识；关注与化学有关的社会热点问题，了解环境保护的重要性和资源合理开发的必要性，具有可持续发展意识和绿色化学观念；深入理解化学、技术、社会和环境之间的关系，欣赏化学对社会发展做出的巨大贡献，能够利用现有的化学知识和方法综合分析化学过程对自然可能产生的所有影响，权衡优缺点，有勇气对化学问题负责，积极参与相关化学问题的社会决策。

化学是一门追求科学与真理的学科，从它诞生之日起，它就把追求真理作为自己的职责，这也是所有自然科学共有的文化特征。但是无论怎么发展变化，化学的学科文化特征（图 2-3）是不会改变的。对科学、真理的追求体现在化学在实验设计时的缜密思维，在实验操作中的精确与严谨；在描述现象及阐述事实时的准确；在探索反应原理时的执着。从细节到理念，无不彰显着化学对科学、对真理的坚持。

化学是一门追求物质与精神统一的学科。在物质世界中，化学可以创造新物质、改良已有物质，极大丰富了物质的种类，为物质社会的发展与进步提供了物质保障。此外，它也是人类对精神世界不断追求的结果。正是因为对和谐的追求，化学家才会发明各类对环境友好的材料；因为对探索真实世界的渴望，化学家才会不断探索物质的微观世界。

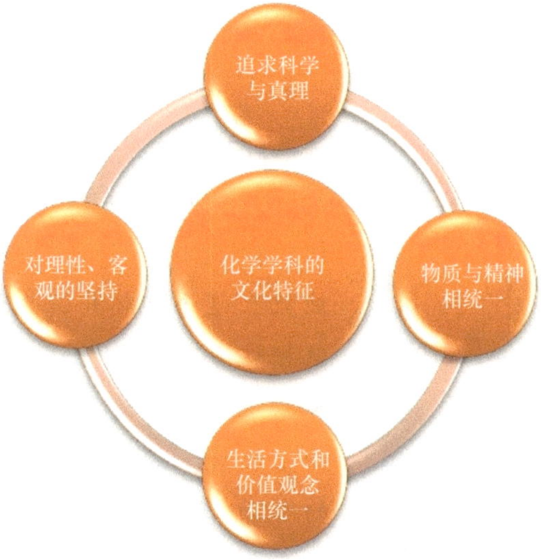

图 2-3　化学学科的文化特征

化学是一门对理性、客观坚持的学科，是人类用其来认识和改造物质世界的主要方法和手段之一。化学不能凭空想象创造物质。对理性和客观的坚持体现在每一位化学人的言谈和举止中，正如瑞典著名化学家伯齐利厄斯所说的"化学家需要精细，必须杜绝含糊其词的'about'"。

化学是一门追求生活方式和价值观念统一的学科。化学产生的物质不断改善着人类的生活，改变着人类的生活方式。火的使用让人类告别了茹毛饮血的时代；化学纤维和化学颜料的发明让人类衣着更加丰富多彩；钢筋、水泥、玻璃、塑料的发明使用改善了人类的生活条件；化学能源的开发利用使人类的交通更加便捷多样；芯片、光纤的应用使计算机联网，通信便捷。化学的发展不仅改变了人类的生活方式，而且改变了人们的价值观。《普及科学——美国 2061 计划》报告中明确指出："从文化的角度看，可以把科学看成既是革命的，又是保守的。有时，科学知识迫使我们改变，或者更新我们一直以来坚持的信念，改变人类在广阔的物质系统中生存的意义。"

史海拾贝

图 2-4　瑞典化学家舍勒

1771~1772 年，瑞典化学家舍勒（图 2-4）在加热红色的氧化汞、黑色的氧化锰、硝石等时制得了氧气，把燃着的蜡烛放在这个气体中，火烧得更加明亮，他把这个气体称为“火空气”。他还将磷、硫化钾等放置在密闭玻璃罩内的水面上燃烧，经过一段时间后，玻璃罩内的水面上升了 1/5 高度；接着，舍勒把一支点燃的蜡烛放进剩余的“用过了的”空气中，不一会儿，蜡烛熄灭了。他把不能支持蜡烛燃烧的空气称为“无效的空气”。他认为空气是由这两种彼此不同的成分组成的。

2.3　化学学科的形成和发展

古代化学（实用技术）发端较早，尽管古代人民已经掌握烧制陶瓷、冶炼金属、酿造酒类等技术，但是还没有科学理论作指导。现代科学已经证明炼金术是行不通的。然而，作为现代化学的先驱，它在化学发展史上起到了积极的作用。通过炼金术，人们积累了化学操作的经验，发明了多种实验仪器，认识了许多天然矿物。炼金术成为欧洲近代化学产生和发展的基础。炼丹术是古代炼制丹药的一种传统技术，是近代化学的先驱。从战国时期起，中国就开始使用这种技术升华药物，这是世界上最早的。陶器是指以黏土为胎，经过手捏、轮制、模塑等方法加工成型后，在 1000~1200℃的高温下焙烧而成的物品。陶瓷制品的生产过程可分为四个主要步骤：原料加工（包括泥浆和釉料）、泥塑成型、上釉和煅烧。

景德镇，又叫“瓷都”，在江西省东北部。早在东汉时期，人们在昌南（景德镇）建造窑坊，烧制陶瓷。到了唐朝，由于昌南土质好，人们吸收南方青瓷和北方白瓷的优点创制出了美丽的青白瓷。青白瓷晶莹滋润，有假玉器的美称，大量出口欧洲。

China的由来：18世纪以前，欧洲人不会制造瓷器，因此中国特别是昌南镇的精美瓷器很受欢迎。在欧洲，昌南镇瓷器是十分受人珍爱的贵重物品，于是欧洲人就以“昌南”作为瓷器（china）和产瓷器的“中国”（China）的代称。久而久之，欧洲人就把“昌南”的本意忘却了，只记得它是“瓷器”和“中国”。

化学学科和近代化学发轫于氧化学说（拉瓦锡，1774 年）和原子论（道尔顿，1803 年）。与化学相关的实践，包括炼金术和炼丹术，已经进行了几个世纪。科学家从这些盲目的做法中吸取了许多经验教训，这些做法既要考虑物质的组成问题，又要探索物质的转变。化学元素和原子学说应运而生。

化学由此进入了以原子论为主线的新时代。1860 年，坎尼扎罗采用阿伏伽德罗假说，理顺了当量与原子量的关系，修正了当时的化学和分子式，从而建立了原子 - 分子论。原子 - 分子论指出，不同的元素代表不同的原子，原子以某种方式或空间结构结合成分子，分子的结构决定它们的性质，分子再进一步聚集成物体。1869 年，门捷列夫发现了元素周期律。

近代化学的四个里程碑如下：①提出化学元素说；②建立氧化学说；③提出原子论；④发现元素周期律。

波义耳(1627—1691)
于1661年
提出化学元素说

拉瓦锡(1743—1794)
于1774年
建立氧化学说

道尔顿(1766—1844)
于1803年
提出原子论

门捷列夫(1834—1907)
于1869年
发现元素周期律

2.4 化学学科的文化价值

人们普遍认为，文化的内涵包括四个基本要素：知识体系、语言符号、观念形态和文化产品。知识体系是文化的基本构成要素，是文化的主要载体，包括概念、关系、规律、方法、工具等内容；语言符号是知识的表达工具，是知识、观念形态的载体，使用语言和符号表达思想是人类对自然和社会理解的结果；观念形态是一种深层次的文化事物，它是在理解事物运动规律的过程中，创造和形成的思想、方法、科学精神或人文精神和价值标准；文化产品是作为人类文化提供给人类文明的精神和物质文化产品。

以化学语言符号为例，化学语言是表达化学思想的专门语言，随着化学的产生和发展而逐渐成熟，是储存、传承和处理化学思想信息的工具。在传统的化学语言观中，化学语言符号主要包括化学符号语言和图形语言。事实上，一些具有特定意义的文字和图像也是表达化学思想不可缺少的重要组成部分。因此，化学语言可分为符号语言、文字语言和图表语言。

符号语言是特殊的符号，用于表示物质的组成、结构和变化，如元素符号、离子符号、原子结构、电子排列、分子式、分子结构、费歇尔投影式、化学反应方程式、离子方程式、热化学方程式等。它是由英文字母、阿拉伯数字、短划、加号、等号、箭头、三角符号以及一些希腊字母组成。这个高度浓缩的符号体系能够准确、简洁地记录和表达极为丰富的化学信息与思想，使人们能够方便地进行交流，在化学科学的传承和发展中发挥着不可估量的作用。符号语言不仅具有简单性、准确性和规范性的特点，而且还具有形象性、直观性的特点。

化学语言是自然向人类传达的知识密码，化学语言可以是某一现象的生动表现，也可由自然语言文字经过一定的加工、改造、限定、精确化形成，但化学语言文字不是自然语言文字的简单移植或组合。化学语言是在自然语言的基础上形成和发展起来的，这些语言具有学科内部指定的明确语义，如化学反应速率表示化学反应进行的快慢，这里可以举一个与其极为相似的实例——速率，一般指的是物体运动的快慢。反应在正常情况下，肉眼不可见分子如何结合，但某些反应迅速产生现象，某些反应需数天才可见明显现象。为了用数据较精准地描述化学反应的快慢，可用单位时间内反应物减少的量或单位时间内生成物增加的量来表示其反应速率的快慢。

图表语言是指包含一定化学信息的各种图或表，传达信息与文字相比更为直观。例如，工艺流程图对过程性知识的掌握具有重要意义，它可更为直观地展现环节的先后，使人们在脑海中形成影像，利于知识的相互串联。关系图、知识网络图、工艺流程图等属于图形语言。与图形语言不同的是图像语言和表格语言，如名人肖像、物质用途示意图、实验装置图、化学反应现象图等均属于图像语言，其中实验装置图将各个仪器及其连接方式展现出来，在真正的仪器难以搭建时，图可起到很好的表达效果；元素周期表、数据分析表等属于表格语言，其中元素周期表可直观展现各种元素的一定规律性。

化学学科的具体语言符号、价值观、思维方式和行为方式形成了独特的理论体系和研究方法。这些文化信息在研究者中一代又一代地被继承和创新，丰富和补充了化学学科的知识，并有自己稳定的分类体系，从而使化学与其他学科区别开来。

例如，化学平衡原理，即勒夏特列原理表述如下："改变影响平衡的一个条件，如浓度、压强、温度等，平衡将向能够减弱这种改变的方向移动"。按照这一原理，我们在社会实践中认识和处理各种事物时就要树立"平衡"的观点，推动"平衡移动"的观点，认识到一切事物都是在发展与变化，平衡只是暂时的、相对的，当环境条件发生变化时，平衡就会被打破。当然，我们应该使条件的改变向有利于我们需要的方向发展，使其发展到一个新阶段，即新的相对平衡状态。

在两性化合物中，酸中有碱，碱中有酸，酸碱同时共存，对立统一。在氧化还原反应中，氧化反应与还原反应同时发生，双方以对方作为自己存在的前提，没有氧化也就没有还原，二者既对立又统一，并在一定条件下相互转化。这与《易经·系辞上》中的阴阳之道“一阴一阳之谓道，继之者善也，成之者性也”有相似之处。这种对立统一的思想在化学中时有体现。

结构决定了性质和价值。氧化铝是铝土矿的主要成分，大量送往冶炼厂和电解处理；有的被视为宝石，价格昂贵，放在商店橱窗里吸引路人的注意。碳也一样，有些被称为煤，人们常用它来烧火取暖，有时还会污染环境；有些被称为钻石，闪闪发光，深受人们喜爱。神奇的大自然，同样的元素，只是由于结构不同，性质便截然不同。

法国哲学家韦伊曾说：“科学的真正主题是世界之美。”尽管科学并没有准确地定义美，人们对美的理解也不尽相同，但美确实客观存在于科学之中，它总是与和谐、秩序、统一、完善等相联系。化学科学对物质世界的外在现象和内在结构的精确描述，展现了化学科学丰富的艺术内涵和审美价值。化学中处处存在美，只要潜心挖掘，就会发现其中含有丰富的美学资源。科学审美作为科学研究活动的一部分，也是科学素养的一部分。化学学科的文化中将审美和科学相结合，让人们在化学及其文化之美的熏陶下，形成优雅的审美趣味和科学的审美。人文文化作为满足人们精神世界需要的文化，与化学学科的文化相融合不仅可以使人们获取化学知识，更能让人们接受化学的科学精神、思想的熏陶，提高科学素养，为未来的学习、工作和生活奠定一定的基础。

2.5 化学学科的德育价值

在化学课堂教学中，教师应该熟知我国的化学发展史，尽可能注重化学学科所蕴含的人文精神，将德育教育与文化知识进行较为融洽的整合。在这一过程中使教育内涵不断丰富，激发学生的民族自豪感和自信心，让他们能够适应化学学科的发展。学生的任务不仅是学习化学知识，更重要的是能够理解和继承传统文化，使德育之花在学生的心间绽放。

中国古代化学成就辉煌，为中学化学德育教育提供了丰富的素材。查阅目前的考古资料，其实早在 10000 多年前的新石器时代早期，中国就已经出现了少量陶器。石油作为“工业的血液”，早在3000多年前就被发现了，沈括在《梦溪笔谈·杂志一》中形容石油“颇似淳漆，然（燃）之如麻，但烟甚浓，所沾幄幕甚黑……”，并大胆预言“此物后必大行于世”。

我国发明生铁冶炼技术比欧洲早了1900多年。中国的四大发明：造纸术、指南针、火药和活字印刷术更是举世闻名，对人类的进步起到了催化作用，对世界文明的发展做出了巨大贡献。通过对古代优秀文化的学习，学生能够从中认识到祖国灿烂的过去，了解蓬勃发展的现在并展望充满希望的未来。这不仅能够在激发学生学习化学的兴趣的同时，提升学习化学的紧迫感和责任感，而且能够点燃他们的爱国热情，唤醒他们藏在内心深处的民族自豪感。化学给人知识，化学史给人智慧。化学史中蕴含着丰富的爱国主义教育素材。中国著名的制碱专家侯德榜先生就是一个很好的例子。1921年，侯德榜先生在美国哥伦比亚大学获得博士学位之后，为了实现“实业救国”的远大抱负，毅然决然地放弃了国外条件优越的工作和生活，回到了他深爱的祖国。侯德榜先生潜心研究多年，以索尔维法为基础，经过不断改进和创新，在1941年发明了举世闻名的“侯氏制碱法”，打破了西方国家对我国采取的制纯碱技术的封锁，使我国的纯碱工业和氮肥工业获得了跨越式发展。通过学习这段历史，学生将受到化学家伟大人格魅力和高尚道德情操的熏陶，学生的社会责任感会更强，他们的人文素养也会得到提升，有助于树立正确的世界观和人生观。

侯氏制碱法：侯氏制碱法又称联合制碱法，是我国化学工程专家侯德榜于1941年创立的。1943年，中国化学工程学会一致同意将这一新的联合制碱法命名为“侯氏联合制碱法”。该法是将氨碱法和合成氨法两种工艺联合起来，同时生产纯碱和氯化铵两种产品的方法。此方法提高了食盐利用率，缩短了生产流程，减少了对环境的污染，降低了纯碱的成本，克服了氨碱法的不足，曾在全球享有盛誉，得到普遍采用。

化学改变了世界。凡事都具有两面性，教师应该有意识地引导学生辩证地看待世界。现代化学工业的发展，也造成了一系列环境问题。例如，大规模生产和广泛使用化肥和农药，一方面促进了现代农业的发展进步，帮助人们解决了粮食问题，但另一方面也污染了土壤和水源。教师要善于引导学生积极地思考这类问题，同时讨论应该如何科学合理地利用地球的各种资源，以及如何科学有效地解决臭氧空洞和温室气体排放等全球性环境问题[5]。

2.6 化学学科的艺术价值

化学是一门科学，又是一门艺术。它贯穿于整个人类文明的历史长河，将历史文明雕刻出艺术的花朵。自从人类进入文明时代，艺术就诞生了。我们凝望着远古时期的陶罐，那是祖先的智慧与汗水，那是时代的文明，那是伟大的艺术。今天，当我们再来欣赏时，看到的更多是艺术的气息。3000多年前，青铜器的诞生，给时代带来翻天覆地的变化，不管是后母戊鼎还是四羊方尊，都体现了化学实物的艺术价值。当我们借助多媒体技术将这些艺术品向学生展示的时候，这对学生将产生怎样的震撼！然而，从某种意义上来说，留下来的才能称得上艺术，留不下来的，便会随着时间渐渐消散。1860年10月英法联军火烧圆明园，这是一场对艺术毁灭性的打击。金银珠宝被掠夺，亭台楼阁被烧毁。留下的只有一根根破旧的石柱，它们是时代的警醒、艺术的残留，时刻警示着我们落后就要挨打，只有当祖国繁荣昌盛，我们站在先贤们梦寐以求的理想高地的时候，才能够静下心来认真地思考并欣赏化学学科的艺术之美。

何为艺术：“艺术”就是哲学与科学的抽象实体。有时被称为精致艺术或美术，指凭借技巧、意愿、想象力、经验等综合人为因素的融合与平衡以创作隐含美学的器物、环境、影像、动作或声音的表达模式，亦指和他人分享美的或有深意的情感与意识的人类用以表达既有感知的且将个人或群体体验沉淀与展现的过程。

总之，化学是一门科学，它既承载着知识功能，充分展示着科学之美，又体现着德育之花与艺术之魂。

参考文献

[1] 游玉佩．学科文化核心要素及其培育探究 [D]. 长沙：中南大学，2009.

[2] 唐安奎．学科、学科文化与研究生教育 [J]. 学位与研究生教育，2005，12：6-10.

[3] 曹娟．浅谈绿色化学与绿色化学教育 [J]. 科技信息（科学教研），2007，17：11.

[4] 邵朝友，周文叶，崔允漷．基于核心素养的课程标准研制：国际经验与启示 [J]. 全球教育展望，2015，44（8）：14-22，30.

[5] 王兴余．化学学科的文化价值 [J]. 新校园：中旬刊，2013（8）：235-238.

3 科学与文化的结晶——化学文化

化茧成蝶

> 你以为我是坐着不动，五个戈比一行，五个戈比一行地写着，突然就成功了?!事情并不是这样！这个问题（指发现化学元素周期律）我大约考虑了20年。
>
> ——门捷列夫

3.1 化学文化的真面目

泰勒在《原始文化》一书中提出了文化的经典定义：“文化或文明，就其广泛的民族学意义来说，是一个复合整体，包括知识、信仰、艺术、道德、法律、习俗以及作为一个社会成员的人所习得的其他一切能力和习惯。”[1]在人类文明的发展过程中，形成两种不同但互补的文化形态，其中一种是人文文化，在弘扬人类精神方面发挥着重要作用，是传统文化的主题；另一种是科学文化，促成了人类物质文明与精神文明的进步。化学作为主要的自然科学之一，具有完备且独立的知识体系，同时化学也是一种人为的研究活动，它随着人类在认识和改造自然的过程中不断发展。

由此可以认为化学属于文化的范畴，因为它本身具备文化的特征。但化学是否是一种独立的文化呢？要回答这个问题，下面首先来探讨一下文化由哪些要素构成。

一般认为，知识体系、语言符号、观念形态和文化产品被认为是构成文化内涵的 4 个基本要素（图 3-1）。

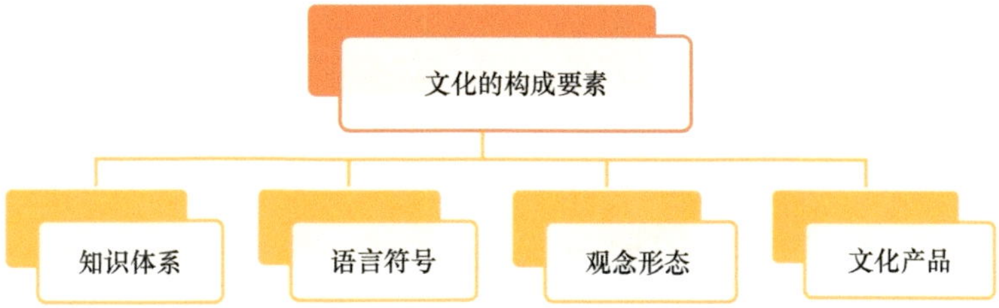

图 3-1 文化的构成

化学学科知识体系以及语言、符号等化学用语是在化学的长期发展中形成的，其中蕴含了化学工作者拥有的特殊的人文观念，它在推动人类文明方面发挥着不可代替的作用。所以，我们认为化学是一门独立的文化，将它称为化学文化。

化学文化作为人类科学文化中拥有独特内涵的一种亚文化，包含以下几个方面：

（1）物质设备，包括从事化学活动所需的物质设备及化学活动的物质产品。利用化学方法制造的器具体现了化学物质文化的作用，而化学文化自身的存在和发展必须借助各种仪器工具的使用。

（2）语言符号，在演变和发展的过程中，化学文化逐渐形成了自我表意性的语言习惯、符号体系和概念模式。

（3）化学精神，化学文化是随着人类社会的发展所积累的一套知识体系，是一种人们从科学的角度看待事物的方式。只有这种精神方面的东西才可以创造出化学物质文化，人们才可以依据其相应的价值判断去使用它们。这种精神方面的逐步积累和演变便形成了化学精神。

3.2 化学文化的形成与发展

化学文化既非一蹴而就，也非一成不变。它具有从创生、形成到繁荣发展的历史过程。化学文化从人类开始钻木取火以及用火烧煮食物、烧制陶器、冶炼并铸造青铜器和铁器等便开始孕育。直至今日，化学作为一门基础学科，在科学技术以及社会生活中起着越来越大的作用。

人们一般把化学的发展分为三个时期：古代化学时期、近代化学时期和现代化学时期（图 3-2）。

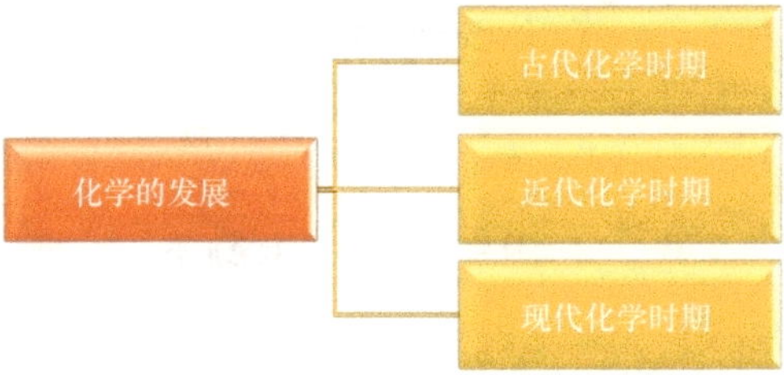

图 3-2　化学的发展

3.2.1　古代化学时期

古代的化学是实用的化学，是各种化学工艺知识的积累。

化学的产生和发展与人类最基本的生活和生产相互联系。古代化学时期的人们主要是通过直接的实践经验摸索出制陶、冶金、酿酒、染色等工艺，此时的化学知识还没有形成，仅仅是经验，这是化学的萌芽时期。

公元前 1500~ 公元 1650 年，炼丹术士和炼金术士在皇宫、教堂、家里或是在深山老林中经受着烟熏火燎，只为炼出让人长生不老的仙丹，或是能带来荣华富贵的黄金，他们开始了最早的化学实验。炼丹术士和炼金术士在实验过程中积累了许多物质间的化学反应，并记载总结写成书（图 3-3），这些书在中国、埃及、阿拉伯和希腊等地都有不少，这些珍贵的典籍为化学的进一步发展奠定了基础。

图 3-3　炼丹术

炼丹术和炼金术中的一些方法在医药及冶金等方面得到了发展。欧洲文艺复兴时期，在一些与化学相关的书籍中第一次看到了“化学”这个名词。英语中的化学“chemistry”起源于炼金术“alchemy”这个单词。这意味着化学已经逐渐在人们的眼中独立起来。

3.2.2 近代化学时期

大多数人认为化学科学的建立时期是从 17 世纪后半期至 19 世纪末。

17 世纪，英国科学家波义耳（Boyle）对前人积累的化学知识和实践经验做了很好的总结，出版了一部名著 *The Sceptical Chymist*(《怀疑的化学家》)。他认为，古代元素说中的所谓元素实际上指的是混合物或化合物，而元素应当是某些不由任何其他物体所构成的原始而简单的物质，波义耳的这一化学元素定义为研究物质的组成指明了方向。19 世纪初，法国科学家拉瓦锡（Lavoisier）根据一系列定量化学实验结果发现了物质不灭定律，提出了燃烧的氧化学说，推翻了控制学术界 100 多年的“燃素说”，这一事件在科学史上被誉为“化学革命”。英国化学家道尔顿（Dolton）根据一系列实验结果提出了原子论，他主张用原子的化合与化分来说明各种化学现象和各种化学规律。此后，阿伏伽德罗（Avogadro）根据盖・吕萨克（Gay-Lussac）气体反应的实验结果和道尔顿的原子论，引入了分子的概念，从而建立了原子 - 分子论。原子论和分子学说的创立，奠定了近代化学的基础。19 世纪中后期，由于人们对物质化学运动形式的认识逐步加深，研究内容不断增加，化学逐渐形成了四大分支：无机化学、有机化学、分析化学、物理化学。其中一个重要发现是俄国化学家门捷列夫（Mendeleeff）提出的元素周期律，元素周期律的提出使化学研究更加系统化。

波义耳(1627—1691)
恩格斯对此给予了高度评价：
“波义耳把化学确立为科学。”

还记得波义耳与酸碱指示剂的故事吗？自己动手试试吧！

拉瓦锡（1743—1794）

法国化学家、生物学家安托万-洛朗·拉瓦锡让化学从定性研究转为定量研究，命名了氧与氢，建立了氧化学说，并解释了燃烧等实验现象，他被后世称为“现代化学之父”。

道尔顿（1766—1844）

英国化学家、物理学家约翰·道尔顿提出了比较系统的化学原子论，并且引入了原子及原子量。他建议使用简单的化学符号来代表元素及物质的组成，是首位发现色盲现象的科学家。

阿伏伽德罗（1776—1856）

意大利化学家阿莫迪欧·阿伏伽德罗毕生致力于化学及物理学中有关原子论的研究，并在1811年提出分子学说，即阿伏伽德罗假说。他所著的《有重量的物体的物理学》(1837~1841年)是第一部分子物理学的教程。

门捷列夫（1834—1907）

俄国科学家德米特里·伊万诺维奇·门捷列夫发现了化学元素的周期性，并制作出世界上第一张元素周期表。他所著的《化学原理》一书是国际化学界公认的标准著作，前后共印行八次，对一代代的化学家产生了重要影响。

3.2.3 现代化学时期

20世纪初期，量子理论的发展让化学和物理学之间有了更多共同语言，现代物理技术在化学领域中的使用使得化学中许多悬而未决的问题得以解决。而利用数学模型表达的量子力学形成的原子结构理论，让大家认识了原子的内部结构，使得化学无论是在深度还是在广度上都得到了空前的发展。

化学也开始进入现代化学发展的时期，元素周期律出现了新发展，并且开始建立现代的分子结构理论，如分子轨道理论、价键理论及配位场理论等，这使得人们对分子内部结构及化学键的认识不断深入。而在基础研究的层面上，研究者对核裂变和原子能开发进行了研究，发展了合成化学；在应用研究方面，石油化工、三大合成、合成氨工业、医药工业、能源及新型材料等与化学相关的工业得到了飞速发展。

现代化学发展不仅仅表现在学科之间的相互渗透以及高度的综合，还有学科的高度分化，出现了许多分支学科，并且各化学分支之间既紧密联系又相互渗透。

3.3 化学文化如何传播

化学文化具有缄默性这一特征，因此传播化学文化不能像知识的教学那样直观通过眼睛和耳朵等感官来单纯接受，它依赖于认识主体在一定的文化环境中自觉地和无意识地感受、赞同、吸收和内化[2]。在传播化学文化的过程中需要重视给学生建构出一定的化学文化环境，让学生能够在潜移默化中接受化学文化。因此，在传播化学文化的过程中使用符合化学学科特点的教学方式才与化学文化的教学相适应，一般提倡采用探究式教学的方法作为化学文化的传播方法。因为学生可以在探究活动中身临其境，近距离感受化学知识的获得过程以及蕴含其中的人文理念。

3.3.1 充分运用化学史进行化学教育

化学史在教学中的作用已经被化学教学工作者广泛认可，从化学史的教学着手是传播化学文化十分有益的尝试。由化学史的文化本质来看，化学史在化学教学中的作用主要表现在两个方面：一方面是原始的、表面的但却是不可缺少的史实层面；另一方面，化学史所运用的研究方法、科学思想以及具有的文化内涵是对前一层面的深化。许多化学教师发现化学史的史实层面的故事性在提高学生的学习兴趣方面起到了一定的作用。但是，它的故事性仅仅是简单应用化学史，是吸引学生的外部因素，而化学史中知识发现过程中体现的研究方法和学科思想等是引起学生兴趣的内部因素，内部的兴趣更久。因此，化学教师在利用化学史进行化学教学的过程中应该上升到第二层面，充分发挥化学史对化学教育的文化教育功能。

3.3.2 发挥化学实验的教育功能

化学是实验科学。化学研究的是物质变化的客观规律，化学家利用实验手段，不断深化对客观世界的认识，不断检验化学理论的正误，在正确认知物质结构、性质的基础上，以实验结果为指导，不断进行化学合成，创新物质世界。实验本身就是一种重要的科学认识方法，在实验过程中要求实验者必须具备实事求是的态度、细致入微的观察、严谨的思维能力以及创新精神等。因此，化学实验有助于锻造人的综合品质，化学实验是体现化学文化的重要途径（图 3-4）。

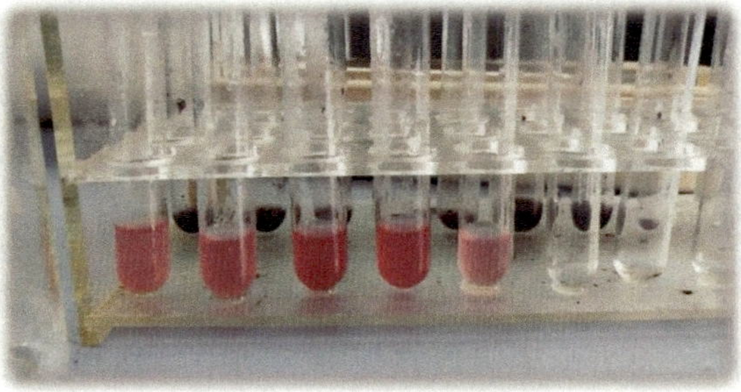

图 3-4　化学实验仪器

3.3.3 加强化学教学和社会生活的联系

为了让公众接受化学，化学的传播必须走出学校围墙的束缚，走向与学生息息相关的生活。化学教师在教学中应该尽可能利用机会加强化学知识和学生生活之间的联系，创设真实的化学与生活相关的情境，让学生可以利用已有的生活经验感受化学的魅力，认识到化学与生活是密不可分的，可以通过化学知识解决生活中的疑问，从而了解到化学并不是遥不可及，化学在我们的生活中随处可见（图 3-5）。

图 3-5 化学与生活

终身学习、终身教育以及学习型社会等概念的普及，让化学学习不再局限于学校教育。因此，化学文化的传播不应只在学校教育中进行，而是要面向全国甚至全球所有年龄段的人进行，将化学思想、思维方式，社会实践以及化学家共同体[3]进行广泛的传播，让化学文化真正促进人和社会的发展。

化学是一门实用科学，掌握化学知识是人类文化素养的重要组成部分。在国外，尤其是发达国家，“要使全社会公民都具有化学素养”的口号早就被提出。因此，面向整个社会大众实施化学文化素养教育势在必行。

参考文献

[1] 付勇，房寿高，吴星 . 简析化学文化与化学教育 [J]. 化学教育，2006，6：12-14.

[2] 黄绍重 . 发挥化学文化的育人功能　培养创新型医学人才 [J]. 卫生职业教育，2007，7：12-13.

[3] 石俊杰 . 成人教育传播化学文化的思考 [J]. 高等继续教育学报，2016，2：15-21.

图片来源

图 3-5　https://pixabay.com/illustrations/dna-biology-medicine-gene-163466/

图 3-5　https://pixabay.com/photos/windr%C3%A4der-wind-power-wind-energy-4832701/

图 3-5　https://unsplash.com/photos/b0IELTWBvT4

饮 食 篇

4 舌尖味道——菜

菜艺诗情

桂花香馅裹胡桃，江米如珠井水淘。
见说马家滴粉好，试灯风里卖元宵。

——符曾《上元竹枝词》

中国地域宽广，饮食丰富多彩，深藏在其中的传统文化底蕴深厚。毫不夸张地说，不同的菜就可体现不同文化的特色，诠释不同文化的内涵。在中国，“吃”不仅是解决温饱问题和满足自己的口腹之欲，更是生活中不可缺少的一种仪式，是人与人情感交流的纽带，体现了中国人在吃食方面的讲究和追求。

在饮食界，娴熟的烹饪手法是中华民族创造的灿烂文化之一，其历史悠久，博大精深。据古籍记载，其发展过程漫长而艰辛，充满戏剧性。在古文明时代，人们主要以果实和攻击力弱的兽类充饥，其获取到的食物均是直接食用，生吃吞食，有时甚至是连毛带血一起吃，因此也把这一阶段称为“茹毛饮血”时期。随着社会的进步，人类文明得以发展，人们逐渐学会了扒皮去毛，洗净之后生火烤熟再吃。这时，人类由低级生活向前又迈进了一步。中国饮食文化的形成大体上分为五个阶段：萌芽时期、形成时期、发展时期、繁荣时期、鼎盛时期。

第一阶段：萌芽时期（主要是旧石器时期）。当时火的应用有自然火、存火种、人工取火。熟食的加工方法有烧烤、地下挖坑加热、石板烹法。

第二阶段：形成时期（主要是新石器时期）。这一时期出现了陶器，因此人们学会了加工熟食，进而有了固定的餐具、炊具，有了主食与菜肴分开加工的意识。

第三阶段：发展时期（夏、商、周时期）。铜器烹饪时期：发明了冶金工艺制作铜餐具，炊具有了高温的烹调方法。厨膳格局有了分工：加工地方与用膳分开，有了五味调和的方法。食品营养在饮食中有了初步的认识。

第四阶段：繁荣时期。秦、汉至南北朝的烹饪时期：原料繁多；中外交流——中餐传入日本、南亚、印度次大陆，同时也引进西方饮食；食疗方法。隋至南宋的烹饪时期：规模扩大、造型精美；经营多样化、菜式明朗化；分工明确、各有绝技。元、明、清三代的烹饪时期：元朝有中外饮食交流，主要与南欧、西亚、中亚；明朝烹饪发展速度加快，有南北交流；清朝，从康熙朝到嘉庆朝一百多年是清朝盛世；乾隆年间，由于数次南巡，苏杭菜点受到赏识并在宫中流行起来，且由于清代帝后们饮食喜好各异，海味菜、清真菜、西餐等也逐渐盛行。

第五阶段：鼎盛时期。近代、现代烹饪时期，市场出现了仿膳菜，一些官绅家厨也进入市场。抗日战争时期，沿海都市烹调技术西迁入川，促进了川菜的发展。20世纪50年代，帮口菜改为八大菜系之称。

4.1 八珍文化变革

八珍，本来是指八种珍食的烹饪方法，后来演变成珍贵食品的代名词。经过长期的发展，八珍的内容得到了完善和丰富。在杜甫的诗中出现了“紫驼之峰出翠釜，水精之盘行素鳞”“黄门飞鞚不动尘，御厨络绎送八珍”之句。据此可知在唐代，御厨便已经在八珍中加入了驼峰和白鱼这两道菜。据记载，各朝代都有对八珍之说的记载[1]。

1. 元代

八珍：醍醐、麈吭、野驼蹄、鹿唇、乳麋、天鹅炙、紫玉浆、玄玉浆。

2. 明代

八珍：龙肝、凤髓、豹胎、鲤尾、鸮炙、猩唇、熊掌、酥酪蝉。

3. 清代

参翅八珍：燕窝、鱼翅、海参、鱼脆、鱼肚、熊掌、鹿筋、哈士蟆。
山八珍：熊掌、鹿茸、象鼻、驼峰、果子狸、豹胎、狮乳、猴头（菌）。
水八珍：鱼翅、鱼唇、海参、鲍鱼、裙边、干贝、鱼脆、哈士蟆。

4. 民国时期

北京上八珍：燕窝、猩唇、驼峰、熊掌、猴头（菌）、豹胎、鹿筋、哈士蟆。
烟台上八珍：燕窝、猩唇、驼峰、熊掌、猴头（菌）、凫脯、鹿筋、黄唇胶。
北京中八珍：鱼翅、广肚、鱼骨、龙鱼肠、大乌参、鲥鱼、鲍鱼、干贝。
烟台中八珍：鱼翅、广肚、鲥鱼、银耳、果子狸、哈士蟆、鱼唇、裙边。
北京下八珍：川竹笋、乌鱼蛋、银耳、大口蘑、猴头（菌）、裙边、鱼唇、果子狸。

烟台下八珍：川竹笋、海参、龙须菜、大口蘑、乌鱼蛋、赤鳞鱼、干贝、蛎黄。

5. 现代

在历史所记载的八珍中，有很多珍品现在已属于保护动物，国家明令禁止捕杀食用，如熊、猩猩、犀牛、猫头鹰、娃娃鱼等。因此，这些动物也就不能列入八珍之中了。那如今的八珍应是什么？应在国家允许食用的范围内来定，并且同时需满足“珍、稀、贵、美”。在2004年第一期的《中国国家地理》中，明确摒弃沿用已久的八珍之说，详细介绍了四大美食：燕窝、鲍鱼、鱼翅、海参（图4-1）。

图4-1　鲍鱼和海参

4.2 饮食类型

4.2.1 宫廷、贵族饮食

在封建社会，统治者都是通过文化思想的灌输来巩固其统治地位的。因此，其思想便占据主导地位，通过各种形式的教育思潮来影响百姓的意识形态，进而达到传承其统治地位、标榜其高贵身份的目的；同时还伴有精致独特的日常生活行为，以向世人展示自己的地位。在此过程中流传出来的饮食习惯，也就自然而然渗透着君王的思想和意识，体现其修养和爱好，从而独具特色的宫廷饮食规则得以流传（图4-2~图4-5）。

图4-2　古代集体烹饪

图4-3　古代摆宴图

图4-4　古代贵族宴

图4-5　古代百官宴

宫廷饮食之所以经典，与其选料、用料的精细与严格密不可分。普天之下，王之国土，能人异士，均为国民，帝王的地位尊崇，可招揽天下厨艺精湛的厨师，也可搜罗人间所有的珍贵食材。早在周代，宫廷饮食便有了分工精细且繁杂的饮食流程，专门为帝王的饮食负责，在《周礼注疏·天官冢宰》中，其分为膳夫、庖人、内饔、外饔、亨人、甸师、兽人、渔人、鳖人、腊人、医师、舍医、疾医、疡医、酒正、酒人、浆人、凌人、笾人、醢人、盐人等条目，可见当时饮食文化的重要性。此时，帝王已开始食用"八珍"，越往后，对饮食的要求越苛刻而精细。清朝，慈禧太后的一个普通食单，便有六道菜以燕窝为食材，可见其选材的珍贵。

除了选料精细，其制作过程也毫不逊色。帝王至尊既给了他获取天下食材的可能性，自然在饮食的烹饪上也极其讲究。而历代帝王大多自小身体娇贵，这就要求其饮食必须精益求精。例如，一道菜的制作，除了严格把关选材之外，其制作过程也是十分考究的，制作工具、厨师手艺更是精挑细选。此外，对于最后的成品，也要讲究其美观度。雕刻花形，摆成合适造型入盘，伴以佐料，配色相宜，方可奉上[2]。

除了考虑前两方面的把控，其花色、品种也要求别致。在描述慈禧的《御香缥缈录》中提到，有一次慈禧外出时，其临时搭建的御膳房就占了火车四节车厢，并带了大量的炉灶、厨子，每餐除了正菜之外，还要供糕点、水果、干果等饭后小吃，每日除了正餐外，还有几次小吃时间，且每次小吃品种极其丰富，并且要求所有菜肴均独特，不可重复。日积月累，其饮食花色的丰富程度可见一斑（图 4-6、图 4-7）。

图4-6 清代宫廷御膳（仿）

图4-7 满汉全席（部分）

皇家饮食规模的庞大、种类的繁杂以及选料的珍贵，劳民伤财，造成人力、物力和财力上的浪费，加重百姓负担。

官府贵族的饮食虽然没有宫廷饮食那样复杂精细，但也有其别致的特色，形成了百家风味、争奇斗艳的壮观场面（图 4-8）。

图4-8 宋代官宴

在众多贵族饮食中，以孔府菜和谭家菜最为有名。孔府历代当家都设置了专门的内厨和外厨，遵循孔子“食不厌精，脍不厌细”的祖训，形成了饮食精美、搭配合理、营养丰富、风味别致的孔府宴。

此外，孔府菜还有一大特点便是对文化的看重。在其宴席上，无论是菜名还是所用食具，都渗透着浓郁的文化特色。除了制作一些富于艺术造型的食具外，还镌刻了与器形相应的古诗句等，意在向人们传达其天下第一食府的地位和饮食风格。

而与之相媲美的谭家菜，创始人祖籍广东，又久居北京，因此其菜肴汇聚了南北烹饪之大成，既带有南方气息，又有浓郁的北方风味。在清末时期，谭家菜在帝都便有较高的评价。

不同于孔府菜的文化气息浓郁，谭家菜的特点主要是选材范围广泛，制作工艺奇特，特别擅长对各类海鲜的烹饪。其宗旨讲究调味，追求食材的原汁原味，以甜提鲜，以咸引香，注重火候，故其成品软烂，口感佳，易于消化；另外，其选料加工也比较精细，烧、烩、焖、蒸是其常用烹饪方法。当然，在长期的发展中，贵族饮食也形成了自己独特的风格和文化。

4.2.2 市井、百姓饮食

从古至今，要说哪里饮食更新速度最快，非市井小巷莫属。随着经济的快速发展，市井饮食遍布大、中、小城市，州府，以及各水陆交通要道。这些地方经济发展较快，交通便利、商贾云集，加之这里有南来北往的食材、快速流传的信息，均为市井饮食的发展奠定了基础（图 4-9）。

图4-9　古代家族宴席

此外，市井饮食方法各异，种类丰富。据《梦粱录》记载，南宋临安的熟食种类达839种。烹饪方法包括蒸、煮、熬、酿、煎、炸、焙、炒、炙、鲊、脯、腊、烧、冻、酱、焐等大类，每一类又分为若干种技法。市井饮食不同于宫廷和贵族饮食，它面向不同阶层人士，还要兼顾不同节气的需要，并且古代商贾、贩夫较多，因此对于饮食的要求是随到随吃、便于携带最为合适（图 4-10）。

平常百姓家烹饪的菜肴也富含中国饮食文化。尽管宫廷盛宴琳琅满目，贵族饮食特色各异，但归根结底，其根源均来自民间菜肴。民间饮食取材方便，山林、河湖、家养牲畜以及田地作物均可随见随取、随食随用[3]。获取食材的便利，促使其制作工艺简单，拿到食材之后，通常因材、因时、因地烹饪，便可制作出可口菜肴（图 4-11）。

图4-10　古代民间烤串

图4-11　民间大锅饭

4.2.3　民族、宗教饮食

民族饮食主要指除汉族之外各少数民族的菜肴。鉴于不同的民族所处的社会历史发展阶段不同，其受地域、物产、宗教信仰等的影响不同，每个民族均有其独特的饮食习俗和爱好，最后形成具有民族特色的饮食文化（图 4-12）。常年居于东北地区的有满族、赫哲族、鄂伦春族、鄂温克族等。其中，满族的定居农耕发展迅速，其狩猎技术也较为成熟，故而满族人最喜欢食用的是清水煮白肉，冬季也以酸菜白肉火锅为主（图 4-13）。赫哲族则以狩猎为主，以鱼、兽为其主要食材，最典型的当属将生鱼拌以佐料而食的“杀生鱼”。鄂伦春族和鄂温克族除以狩猎为食物主要来源之外，特别喜欢生吃狗肝和半生不熟的各类兽肉。

图4-12　民间烙饼

地处北方的蒙古族，生存环境主要为沙漠和草原，其饮食以羊肉和各种奶制品为主，大多原汁煮熟，不伴以调料，手扒为主。当有贵客到来，则以全羊席为最高待遇（图 4-14）。

图4-13　满族宴席

图4-14　蒙古族特色餐

以牛乳、羊肉、奶皮、酥油为主要食物的维吾尔族，除了畜牧业之外，其农业也占有较大比例，因此以小麦等为原料的食物（如馕等）也经常出现在他们的餐桌上。

西南地区的少数民族大多居于深山之中，长期发展下来，具有其独特的饮食习惯——大多以猪肉和鱼肉为主，偶尔也会食用各种昆虫和蛆虫，尤喜腊干或烟熏的肉。

大多数少数民族都有其宗教信仰。在传播的初始阶段，领导者在教理的宣传之余，还会将其宗教真理贯穿于一定的服饰、仪式及饮食中。从饮食方面来看，独具特色的宗教饮食风格主要分为以下几种：道教、佛教和伊斯兰教。

道教是中国本土宗教，源于古代神仙信仰和方仙之术，其饮食风格也深受其影响。在道教的信仰中，人是靠天地之气出生，所以推崇先排除欲望，养灵魂，之后禁食存命。此外，在日常生活中，要求断绝荤腥及辛辣刺激食物，主要以清淡素食为主，以保证其先天元气的纯净[4]。另外，在饮食烹饪上，道教主张保持食材的原汁原味，这一点与谭家菜有相似之处（图 4-15）。

佛教教义为提倡慈善、反对杀生，因此提倡食素。但佛教在其发源地区并没有这一规定，传入中国后，与中国的本土风俗结合，便独具特色。另外，佛教的食材随取随用，其口味独特清淡，熟练运用各种蔬菜、瓜果、菌菇作为食材是主要原因（图 4-16）。

图4-15　道教饮食

图4-16　佛教饮食

伊斯兰教的教义中强调“清净无染”“真乃独一”，因此其饮食风格也独树一帜，称为“清真菜”。穆斯林对牛、羊肉的烹饪方式非常丰富，光是羊肉的食用方法，便有烧羊肉、焖羊肉、爆炒羊肉、汤爆肚仁、炸羊尾、烤全羊等多种吃法。此外，其小吃也颇具特色，如羊肉泡馍、烤馕等（图 4-17）。

图4-17　伊斯兰教饮食（馕、锅贴）

4.3　饮食中的化学

4.3.1　食盐

食盐的主要成分是氯化钠，其化学式为 NaCl（图 4-18）。在中国古代，盐的地位在各类食谱调料中居于首位，其地位的确立与其作用紧密相关。在人体机能的正常运作中，为了维持人体生理健康，食盐占据举足轻重的地位，其所含的钠离子和氯离子调节细胞之间的水平衡，平衡血液的酸碱性。此外，钠离子还影响血压和血量。因此，若摄入过多食盐，易引发高血压、肾脏病、心脏病等，患者应根据医嘱适当控制每天的摄盐量，且每天的饮食也应尽量以清淡为主。此外，心脏和肌肉的收缩也离不开食盐的帮助。但人体不需要每日额外单独补充食盐，因为在平常的食物中便含有部分食盐，剩下的部分只需要在烹饪时加入即可。在日常生活方面，食盐除了调味之外，还可以腌制食物，其腌制的鱼肉等可长期保存。食盐用途广泛，人们对其需求量可想而知。此外，食盐的储量也极其可观，如果将海水中的食盐提取出来，可在地球表面形成一个厚约 40m 的大“盐被”。

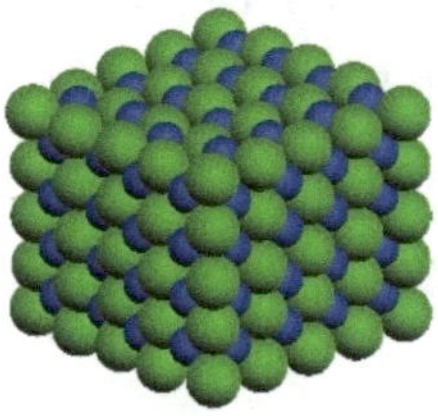

图4-18　氯化钠

4.3.2　食糖

食糖（图 4-19）大多指红糖、白糖、冰糖三种。其中，红糖是将蔗糖（图 4-20）和糖蜜高温熔化成的混合物；白糖的工序则相对复杂，需要将红糖经过洗涤、离心、分蜜、脱光等工序处理；冰糖是将白糖利用重结晶原理制成。红糖、白糖和冰糖均是由蔗糖组成的，其中红糖储存时间相对较短，其所含糖蜜容易被氧化而变质，因此红糖不适合长期存放。与食盐用途广泛相比，糖在体内的功能相对单一，仅能补充能量或以糖原的形式储存在人体。若食用较多糖类，并不有益于身体健康，最典型的是导致龋齿、糖尿病、肥胖症等多种疾病。就算不特意摄入糖，人体也并不会缺糖。与食盐类似的是，每天所食用的米、面、水果、蔬菜中都含有糖。因此，世界卫生组织提倡，儿童和成人每日摄入适量的糖类物质就好，为了健康，应少吃糖。

图4-19　食糖

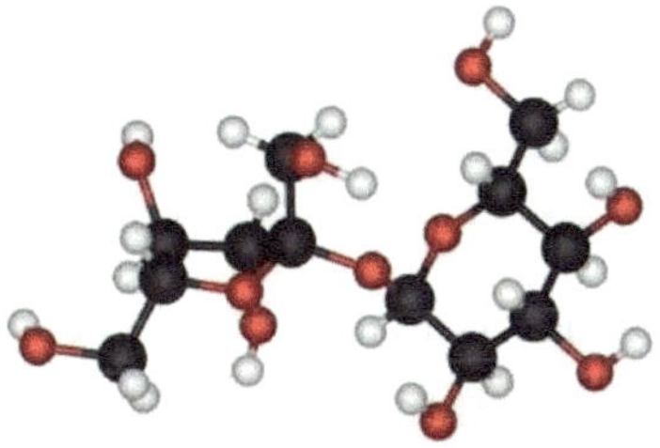

图4-20　蔗糖分子的球棍模型

4.3.3　味精

日本化学家池田菊苗首次发现了味精（图 4-21）。出于职业的特殊和敏感，在一次食用海带黄瓜汤时，池田发现汤的味道异常鲜美，因此他便开始了对其的相关分析，从而提取出一种特别的化学物质——谷氨酸钠（图 4-22）。之后这种物质得以推广，并取名“味之素”，从此调味剂中又增加了一员：味精。

图4-21　味精

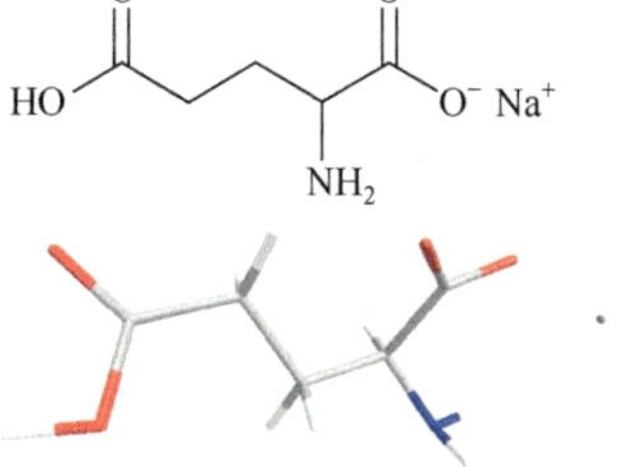

图4-22　谷氨酸钠的结构式

味精为什么能提鲜呢？原因在于其鲜味能刺激味觉细胞，增强食欲、促进消化。此外，味精还有一定的药用功效。适量食用味精，可改变人体的营养状态，治疗神经衰弱；长期适量地食用味精，其与血液中的氨结合，形成谷胱胺，有利于儿童发育不良的恢复，也可改善因血氨上升而造成的肝昏迷和癫痫。但若长时间在高温条件下，谷氨酸钠会发生化学变化，生成焦谷氨酸钠，其不仅毫无鲜味，还有轻微的毒性。因此，日常烹饪中，味精应该最后加入。

另外，婴儿也应少吃含有味精的食物。因为味精会与人体中的锌生成络合物谷氨酸锌，其易溶于水，随体液排出，造成婴儿缺锌，影响身体发育。

4.3.4 食醋

大家都知道杜康酿酒的传说，但若说杜康发明了醋，大部分人会觉得很新鲜。传说，杜康在发明了酒之后，觉得将酒糟扔掉比较可惜，便把酒糟积攒起来，大半个月之后，便闻到了醋的浓郁香味。由于他是在 21 日的酉时发明的这种物质，便把“酉”和“二十一日”合起来，即“醋”字（图 4-23、图 4-24）。

图4-23　食醋

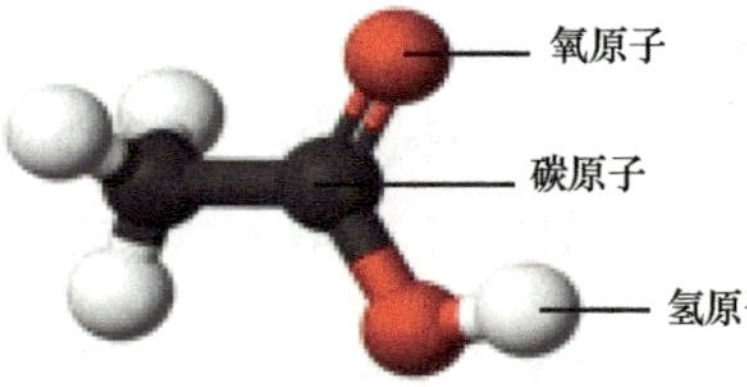

图4-24　醋酸的结构式

食醋到底是用什么制成的呢？杜康是以粮食、糖或酒糟为原料，在醋酸酵母菌的作用下，将其发酵酿制而成。经过长期研究发现，醋含有人体必需的多种氨基酸和其他营养物质，长期服用可增进食欲，消解劳损，软化血管，而且可以在一定程度上预防高血压、动脉硬化等疾病。另外，醋在日常生活中还可以除去水壶、水瓶的水垢（醋酸与碳酸钙反应生成可溶性盐和水及二氧化碳），也有一定的杀菌作用等。

4.3.5 酱油

图4-25 酱油

酱油（图 4-25）一般有生抽和老抽两种，是日常饮食中不可缺少的调味品。在生活中，使用广泛的酱油有三类：①用脱脂大豆加酸水解制成的化学酱油；②以小杂鱼、虾为原料，经盐腌发酵而成的鱼露，又称鱼酱油；③以豆类、小麦中的蛋白质加米曲霉菌种，发酵酿制而成的普通酱油。

当前，人们日常生活中主要是食用第三类酱油，虽然叫酱油，但其实它并不是油状物，而是一种溶液。在生产中，为了制得有色泽且咸味、鲜味适当的酱油，还需加入焦糖、食盐和少量味精。酱油的营养价值还体现在其含有多种氨基酸、糖类、芳香酯。酱油也容易发霉，为了保鲜，可把刚买来的酱油用煮沸的方法灭菌，并添加味精，可延长保存时间，且味道鲜美。此外，添加大蒜也可防止酱油发霉。

中华文化历史悠久，也滋养着中华饮食文化的发展。

首先，由于我国幅员辽阔，各地气候、物产、风俗习惯都存在差异，日积月累，各地饮食习惯也各有不同。我国是典型的“南米北面”“南甜北咸”“东辣西酸”，形成了以巴蜀、齐鲁、淮扬、粤闽为主的四大风味。

其次，对美感的追求。中华饮食除了技术精细，对菜肴美感的要求同样严格。食物的色、香、味、形、器是否协调一致，搭配是否合理，造型是否独树一帜，都是饮食人士高度关注的方面。烹调时，力求达到上述各项审美的协调统一，给人以精神和物质的特殊享受。

最后，对情趣的关注。除了对饭菜色、香、味协调统一的审美追求，中华饮食还非常关注其情趣——讲究对其的命名，探讨其品味的方式、进餐的节奏或者是否有娱乐的穿插等。对中国菜肴的命名也可谓出神入化、雅俗共赏。有根据主、辅、调料及烹调方法的写实命名，偶尔也会参照历史典故、神话传说来命名。

“菜文化”与“文化菜”

2012-04-23 09:34 来源：寿光日报

农圣文化国际研讨会、第三届市民节、书画展……翻开第十三届中国（寿光）国际蔬菜科技博览会主要活动日程安排表，记者发现，40项活动中，与文化有关的活动竟达20项之多。不得不说，从菜博会诞生之日起，文化就一直是菜博会的“灵魂”所在。从一粒种子到一个景观，从种菜到看菜，从一个节目到一项工程，处处渗透着文化的影子。在秉承往届菜博会主题基础上，第十三届菜博会更是把提升蔬菜文化品位、挖掘蔬菜文化摆在首要位置。艺术化的创意与设计使菜博会展厅变成了美不胜收的“蔬菜大观园”。作为国内唯一的国际性蔬菜产业品牌展会，一年一届的菜博会将蔬菜与文化融为一体，成为让世界了解寿光、让寿光走向世界的名片。

中国人吃饭喜欢坐在一起共享，对传统文化的注重，造就了一种团结、礼貌、和谐的氛围。此外，人们也喜欢将菜肴放置于圆桌上，除了象征团团圆圆之外，还可让每位食客到菜肴的距离相等。人们在吃饭时，围着圆桌敬酒、劝菜，对于拉近彼此之间的关系有很大帮助。这深刻反映了中国古典哲学中的“和”对后世的影响。因此，尽管有很多媒体批判这种饮食文化存在很大的安全隐患，但人们也很难舍弃这种传统的饮食习惯。中国饮食文化所追求的四大原则是：食医和一、饮食养生、本味原则、孔孟食道。人们在关注饮食健康的同时，关注一下中国的饮食文化，甚至可见其延伸为研究世界饮食文化的一把钥匙，这便是饮食文化所追求的精髓！

> 人一辈子，那就是在做一道专给自己品味的菜。味道是甜是苦，是浓是淡，全在自己掌握。就连那痛苦，也像鱼的腥、肉的腻一样，有着很多办法将它化解。

参考文献

[1] 董克平．闲言碎语说八珍 [J]. 食品与健康，2006，2：48.

[2] 赵旭东，王莎莎．权力精英结构的饮食表达：基于清代“满汉全席”发明的微观政治学分析 [J]. 民俗研究，2011，1：256-267.

[3] 谭宏．产生于农业文明背景下的传统饮食文化之现代化问题研究：基于非物质文化遗产保护和传承的视角 [J]. 农业考古，2011，1：287-291.

[4] 薛武．崆峒山道教文化与旅游资源开发 [D]. 兰州：西北师范大学，2006.

图片来源

图 4-1　https://www.hippopx.com/zh

图 4-12　https://pixabay.com/zh/photos/xi-an-pancakes-yellow-food-cake-4441736/

图 4-17　https://pixabay.com/zh/

5 逍遥隐士——茶

茶艺人生

一碗喉吻润，二碗破孤闷。
三碗搜枯肠，惟有文字五千卷。
四碗发轻汗，平生不平事，尽向毛孔散。
五碗肌骨清，六碗通仙灵。
七碗吃不得也，唯觉两腋习习清风生。

——卢仝《七碗茶》（节选）

从古至今，茶在人们生活中一直占有重要的地位，上至宫廷贵族，下至市井小民，制茶工艺、饮茶文化在历史洪流中滚滚前行。茶文化的历史号角经久不衰，源远流长，博大精深，已完全融入古代诗歌、绘画、宗教、医学等。在中国，茶不仅风靡于宫廷，在市井陋室，茶的精髓更体现得淋漓尽致，不仅体现了物质文明，更展现了茶文化精神文明。中国几千年流传下来的茶叶种植、生产等技艺不断完善，在历史变迁的潮流中得到深刻发展，积累了深厚的茶文化精神，沉淀了具有东方气息的茶文化。

5.1 茶文化发展之路

5.1.1 三国以前的茶文化启蒙

茶的历史可追溯到三皇五帝。秦始皇二十六年，今茶陵县始立县，以县治附近陵谷间产苦荼（茶），而命名为“荼陵”，东汉年间更名为茶陵，即现今的湖南省茶陵县。东汉，华佗在《食论》中写道：“苦茶久食，益意思”，记录了茶的医学价值。至三国魏代，已出现了记载饼茶制法和饮用方法的书籍《广雅》。随着社会的进步，茶以独特的姿态进入人们的生活中，并以物质形式出现进而渗透到其他人文科学中而形成茶文化。

5.1.2 晋代、南北朝茶文化的萌芽

茶不只在饮食圈风生水起，在文化世界，伴随着诗人的歌赋，茶文化也逐渐崭露头角，以精神文明的姿态走进了诗词歌赋中，推动其发展（图 5-1）。

茶，

香叶，嫩芽。

慕诗客，爱僧家。

碾雕白玉，罗织红纱。

铫煎黄蕊色，碗转曲尘花。

夜后邀陪明月，晨前命对朝霞。

洗尽古今人不倦，将知醉后岂堪夸。

图5-1 元稹的《一字至七字诗·茶》

5.1.3 唐代茶文化的形成

茶文化在历经岁月洪流打磨之后，得到了空前的发展。无数的尝试和探索，为《茶经》的诞生提前铺路。在唐代，茶文化的发展达到了一个新的高度，具有跨时代的意义。《茶经》的问世使茶文化发展到一个空前的高度，茶文化发展繁荣，不仅将茶文化作为自然科学，还把它归入了人文科学。深入研讨了制茶工艺、饮茶艺术，以儒、释、道三教为典型特征的饮茶工艺，展现出独具特色的中国茶道。除了“自从陆羽生人间，人间相学事春茶”外，还出现了大量茶书、茶诗。因茶具有提神醒脑、生津止渴之效，故僧侣在寺庙周围种植茶树，制定茶礼，开设茶堂，讲解饮茶工艺，将茶事活动作为每日必修课程。此外，茶道已出现了分化，除了寺庙盛行

茶道，还有宫廷茶道和文人茶道。

5.1.4 宋代茶文化的兴盛

宋代，茶文化的发展又有了一定的进步，文人茶道尤其突出，出现了自发组织的品茶社；此外还有朝廷官员成立的“汤社”，宗教信徒成立的“千人社”等。在宫廷，皇帝喜好茶，设立茶事机关，根据等级差别饮用茶叶，将茶文化编造成册，制成礼仪。此时，饮茶已成为皇宫里常见的社交手段，皇帝赐茶、权臣饮茶，甚至将这一礼节推广到国外。但在百姓生活中，饮茶文化就变得单纯活泼得多，家人团聚，饮茶相庆；邻居迁徙，“献茶”为敬；远方来客，“元宝茶”奉上；若男女双方相约订婚，则要“下茶”，而正式婚礼则要“定茶”，同房则要“合茶”。民间茶艺的兴起，也带动了茶叶、糕点等的发展。

5.1.5 明、清茶文化的普及

随着茶文化的发展，蒸青、炒青、烘青等各茶类也开始正式登上舞台，饮茶技艺已变为“撮泡法”。同时，文人雅士开始将茶文化赋予诗词书画之中，如唐寅的《品茶图》、文徵明的《惠山茶会图》等，均是传世佳品。茶叶种类增多，自然饮茶技艺开始出现分歧，茶具的款式、质地、花纹也发展各异，丰富多彩。至晚明时期，文人雅士对饮茶的追求达到顶峰，追求“至精至美”之境。此时，中国茶道得到空前的发展与超越。直到清朝，茶叶已经开始出口，成为一门正规、成熟的行业，各种茶摊、茶事活动在民间已数不胜数（图 5-2）。

图5-2 古代煮茶艺术

5.1.6 现代茶文化的发展

随着中华人民共和国的成立，我国各项生产百废待兴，茶叶的发展也重新步入正轨。茶的产量从解放战争胜利开始的年产 7500t 发展到 1998 年的 60 余万吨。以弘扬茶文化为宗旨的社会团体“茶人之家”“陆羽茶文化研究会”“中华茶人联谊会”等相继出现，各项茶文化的交流活动也陆续开展。文化馆的建立、文化制度的形成均标志着茶文化的进步。此外，茶文化的普及也是这一时代的重要标志，各地茶艺馆随处可见，全民饮茶风盛行，吸引了日、韩、美等各国关注，茶艺得到进一步推广（图 5-3）。各地也纷纷主办各类茶艺活动，如福建省武夷山市的岩茶节、云南省普洱市的普洱茶节，以及浙江新昌、湖北英山等地举办的茶艺活动，均各具特色，展现茶的独特魅力，以另一种形式促进我国经济、文化的发展。

图5-3 现代茶艺

5.2 “隐士”个性

5.2.1 时代性

新时期的茶文化既保留了传统的历史工艺，又张扬时代的特色。在物质文明和精神文明的推动下，茶文化具有了新的内涵和活力，并不断发展壮大，在保留根基、纵向延伸的前提下加以创新和发展。此外，现代科学技术的应用、现代新闻媒体的宣传以及市场经济的推动，使茶文化的社会地位得以提升，价值展现更加显著。随着文化意识的确立、国际市场的开拓和新媒体的快速发展，茶文化呈现出现代化、社会化和国际化的趋势，其影响之大，令世界惊叹。

5.2.2 民族性

富含民族特色的茶文化悄无声息地出现在民间。各民族将茶作为日常所需，也将各民族的特色融入茶艺、茶礼之中，再经过艺术的熏陶和锤炼，茶文化极具生活性和文化性，丰富了茶的多样性。茶文化的快速发展影响着各民族的传统文化，如藏族、佤族、纳西族、哈萨克族、保安族、布朗族、德昂族、撒拉族、白族等都将茶看作节日必需品，各项喜庆节日都离不开茶的参与。

5.2.3 地区性

人择地而居，茶也因地出名，如名茶、名山等孕育出特色各异、富含地区性的茶文化。中国地大物博，受各地历史文化、生活习俗等影响，茶文化也各具特色。茶文化以其特有的角色流传于民间。当然，在经济发达的大都市，茶文化仍有其不可或缺的地位。例如，上海已经连续几次举办茶文化节，其展现出来的文化特点与城市特色相得益彰，使现代化的城市流露出文化的气息。

5.2.4 国际性

茶文化在历史悠久的中国流传已久，除了涉及本国的历史文化，还与国外的历史文化、人文经济相联系，逐渐演变成英国茶文化、日本茶文化等。表现最为显著的当属英国，以茶作为其表达绅士风格的基本礼仪，也是重大事件和议程的必需品，饮茶已成为英国日常生活中不能忽视的存在。除英国之外，日本对茶文化也是研究颇深，浓郁的日本民族风，独特的茶道体系、流派和礼仪都为日本的茶文化增色不少。而韩国人也觉得茶文化是其民族文化的根源并设立全国茶日。中国茶文化已成为各国茶文化的根源，互相交流、切磋茶艺，茶文化早已超越了国界，流传于世，展望未来。

5.3 “隐士”传说

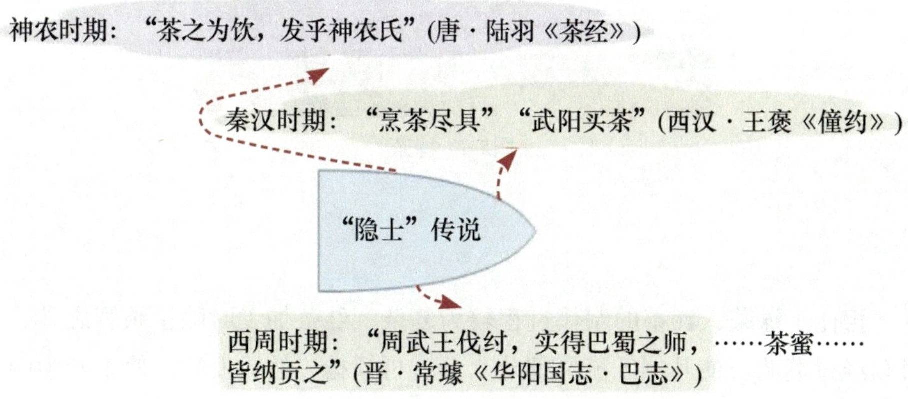

5.4 制茶工艺

要说茶文化的精髓，当属茶叶的选择。作为一种饮料，茶的口感大多取决于茶叶的好坏。茶文化寄托于茶叶之中，将其寓意以茶叶为载体，流传于各地，与当地文化习俗有机结合，体现茶文化的精神文明。茶艺的进步也推动了茶文化的发展，并以茶艺为线索，将茶文化延伸至更远的地方。中国是历史最为悠久的茶叶产地，品种繁多，名茶更甚，以下列举几个极具代表性的品种。

5.4.1 绿茶

绿茶（图 5-4）在我国产量最高，其花色种类居世界首位。绿茶具有味道醇厚、色泽鲜美、耐冲泡等优点，其制茶工艺只需以下步骤：杀青—揉捻（或不揉捻）—干燥。作为我国茶叶年产量的冠军，中国各产茶省区均产绿茶，其出口量占世界绿茶贸易量的 70% 左右，深受国际友人的欢迎。

图5-4　绿茶

5.4.2　红茶

相比于绿茶，红茶的制作过程较为复杂。红茶加工时除了杀青之外，还必须经过萎凋，使其鲜叶流失部分水分，再揉捻，然后发酵，使茶叶中的茶多酚被氧化，变成红色的物质。这种产物部分可溶于水，部分以固体形式存在，长期积累于茶叶中，从而形成红茶。

5.4.3　黄茶

黄茶是在制茶过程中进行闷堆渥黄，因而形成黄叶、黄汤。黄茶分为黄芽茶（包括湖南的君山银针、四川的蒙顶黄芽、安徽的霍山黄芽）、黄小茶（包括湖南的沩山毛尖、浙江的平阳黄汤、湖北的远安鹿苑等）、黄大茶（包括广东的大叶青茶、安徽的霍山黄大茶等）三类。

5.4.4　乌龙茶

有一种茶叶既算不上绿茶，也不算红茶，而是颜色介于两者之间，即乌龙茶。在制作过程中，茶叶适当发酵，叶片稍微变红即可。虽说介于两者之间，但它却同时拥有其他两种茶叶的特色，鲜爽、醇厚。因其边缘呈红色，叶心呈绿色，因此也有“绿叶红镶边”的称号（图 5-5）。

图5-5 红茶、黄茶、乌龙茶、花茶

5.4.5 白茶

制作绿茶过程中需要搓揉工序，而制作白茶时完全不需要此工序。在制作过程中，只需要将细嫩、叶背满茸毛的茶叶晒干或用文火烘干，从而将白色茸毛完整地保留下来。白茶也是我国著名的茶叶，主要由福建的福鼎、政和、松溪等县大量提供，分为“银针”“白牡丹”“贡眉”“寿眉”等几种。

5.4.6 黑茶

白茶制作要小心翼翼，黑茶的制作则尽可放心大胆地完成，其原料粗老，在制作之前需要长期堆积发酵，使叶片呈现暗褐色。黑茶是许多少数民族不可缺少之物。较为出名的有湖南黑茶、湖北老青茶、滇桂黑茶及四川黑茶。

5.5 泡茶工艺

5.5.1 泉水

如果说茶叶是饮茶工艺的精髓，那泉水便是不可或缺的锦上添花之物。在古代，饮茶所用之水尤为讲究，说水是饮茶文化的根本也不为过。明代张

> **中国名泉**
> **唐代**
> 镇江中泠泉
> 无锡惠山泉
> 苏州虎丘泉
> **明代**
> 无锡惠山泉
> 镇江中泠泉
> 杭州虎跑泉
> **清代**
> 北京玉泉山
> 镇江中泠泉
> 无锡惠山泉
> 杭州虎跑泉

大复就曾在他的笔谈中提过“茶性必发于水，八分之茶，遇十分之水，茶亦十分矣；八分之水，试十分之茶，茶只八分耳”。

清代乾隆帝也曾说：“茗饮之本，其必资于水乎？”他曾命人制备银斗，品尝全国的泉水，按其质量进行排位：北京玉泉山的泉水摘得头名，镇江中泠泉次之，无锡惠山泉第三，杭州虎跑泉位居第四。

5.5.2 雨水

除了按地区将泉水进行分类，中国古代还讲究时节性的雨水，对春、夏、秋、冬四个季节的雨水都有不同的评价。相比于其他三季，秋季的雨水烹茶最佳，其次便属梅雨季节的雨水，再次是春雨，而夏季因为雨水最多，水质最劣，一般不用它来烹茶。此外，对于雨水的收集也极为讲究，常用干净的白布，在天井中央接收雨水。至于那些从屋檐流下的雨水，是万万不能采用的。

5.5.3 雪水

雪是纯净的象征，在古代，人们认为雪水是五谷的精华，用来烹茶最为合适雅观。唐代诗人白居易就写道：“吟咏霜毛句，闲尝雪水茶”。

5.5.4 露水

在古代，传说露水是天上神仙饮用的酒，称为天酒。《山海经》中曾写道：“仙丘降露，仙人常饮之”。清代，乾隆帝最讲究露水的采用。每年夏季，乾隆帝喜爱到承德避暑山庄避暑，顺便收集湖中荷叶上的露水，以此来烹茶，其曾言露水胜过天下第一泉的玉泉山泉水，参见图 5-6。

图5-6 露水烹茶

茶树鲜叶

水分(75%~78%)和干物质(22%~25%)。其中有机化合物如下：

蛋白质(20%~30%)：主要有谷蛋白、白蛋白、球蛋白、精蛋白。

氨基酸(1%~4%)：已发现26种，主要有茶氨酸、天门冬氨酸、谷氨酸。

生物碱(3%~5%)：主要有咖啡碱、茶叶碱、可可碱。

酶：主要有氧化还原酶、水解酶、磷酸酶、裂解酶、异构酶。

茶多酚(20%~35%)：主要有儿茶素，占总量的70%以上。

糖类(20%~25%)：主要有纤维素、果胶、淀粉、葡萄糖、果糖。

有机酸(3%左右)：主要有苹果酸、柠檬酸、草酸、脂肪酸。

类脂(8%左右)：主要有脂肪、磷脂、甘油酯、硫脂和糖脂。

色素(1%左右)：主要有叶绿素、胡萝卜素类、叶黄素类、花青素类。

芳香物质(0.005%~0.03%)：主要有醇类、醛类、酸类、酮类、酯类、内酯。

维生素(0.6%~1%)：主要是维生素C、维生素A、维生素E、维生素D、维生素B_1、维生素B_2、维生素B_6、维生素K、维生素H。

5.6 茶具

除了茶叶和泉水的选取对茶文化有重要影响，茶具也是所有泡茶过程中必备的物品，包括茶壶和茶杯等。茶具的选取对茶的品质也有重要作用。

图5-7 陶瓷茶具

明太祖第十七子朱权所著的《茶谱》中列出 10 种茶具：茶炉、茶灶、茶磨、茶碾、茶罗、茶架、茶匙、茶筅、茶瓯、茶瓶。

最早流传的茶具主要由金、银、玉等材料制成。直到唐宋，陶瓷工艺的迅速崛起，才使铜等茶具被陶瓷茶具所代替（图 5-7）。相对金和玉来说，铜茶具性价比高，煮水性能更好，而陶瓷茶具盛茶更能保持香气，最重要的是陶瓷茶具价格相对较低，因此容易推广，深受百姓喜爱。

在我国的博物馆中，陈列着许多古代的茶具。陕西省扶风县法门寺博物馆保存着一套完整的唐朝皇帝用的纯金茶具。湖南长沙出土的宋代茶具精美异常，价值连城。

5.7 “化”茶为艺

茶文化流传千古，但茶文化所蕴含的化学知识却是逐渐被揭开面纱的。茶的化学成分竟多达 400 余种，其主要成分有以下几大类。

5.7.1 茶多酚

在茶叶中，茶多酚（green tea polyphenols，GTP）占 20%~35%，它是茶叶中多酚类物质的总称，主要由儿茶素类、黄酮类、花青素类和酚酸类四大类物质组成。大多数情况下为固体或晶体，有涩味。易溶于水，可溶于乙醇、甲醇等有机溶剂，不溶于氯仿。在强碱、强酸、光照、高热等情况下容易变质。

在高温情况下，可存在 1.5h 左右，在 Fe^{3+} 存在的情况下易分解。茶多酚是不可多得的天然抗氧化剂，除了有明显的抗衰老功效，还可消除人体过剩的自由基，从而达到去脂减肥的作用；同时其降低血糖、血脂和胆固醇的重要作用也不可忽视，因此它具有预防心血管疾病、抑制肿瘤细胞等功能，被广泛应用于食品加工、医药、日用化工等领域。

5.7.2 蛋白质和氨基酸类

不同的茶叶，其所含的蛋白质和氨基酸不同，其中红茶所含蛋白质为干重的 20%~30%（图 5-8）。相对而言，茶叶中氨基酸的含量较少，但绿茶所含氨基酸种类多达 1624 种。人体必需氨基酸（共 8 种）基本都能在茶叶中找到。在茶叶中存在的蛋白质多数难溶于水，但氨基酸极易溶于水，而且茶叶的香气和鲜味均源自溶于水的氨基酸。

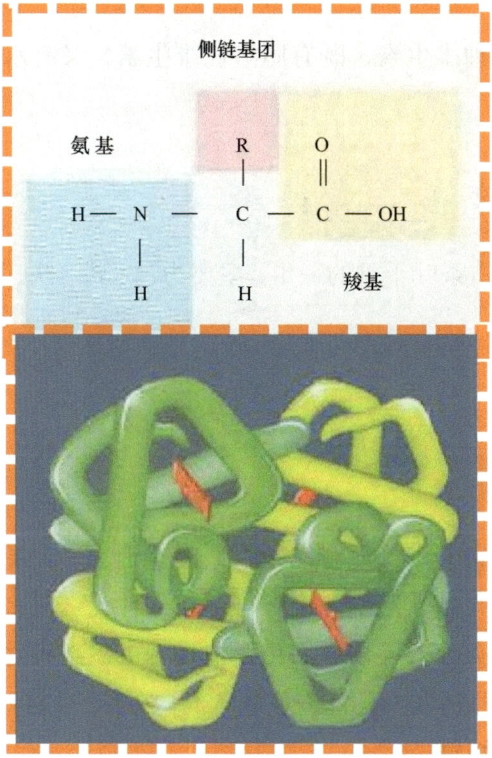

图5-8　蛋白质类化合物

5.7.3 生物碱

生物碱约占茶叶干重的5%，咖啡因是其主要成分，此外还含有少量茶叶碱、可可碱、黄嘌呤等。茶叶之所以有苦味，均是由生物碱造成的。如何鉴别茶叶呢？含量较多的咖啡因和儿茶素是其独有的生化指标。

5.7.4 芳香族化合物

芳香族化合物占茶叶干重的0.1%~0.6%，含有醇类、醛类、酯类、酸类等物质，其次茉莉花素、罗兰酮等物质间的不同组合是茶叶具有不同香型的主要原因。

5.7.5 维生素

茶叶中含有多种维生素，既有脂溶性维生素，又有水溶性维生素及对氨基甲酸、叶酸等。

5.7.6 无机化合物

无机化合物约占茶叶干重的一半，主要为钙、磷、铁、氟、碘等的化合物。

5.8 “隐士”有话要说

5.8.1 茶祭

从南北朝齐武帝开始，便有以茶为祭的遗训：“我灵上慎勿以牲为祭，唯设饼果、茶饮、干饭、酒脯而已”。之后，各代帝王多以茶祭天、祭神、祭山，如唐代的文人便曾摆茶祭泰山，清代帝王以祭天之礼来祈求繁荣。茶祭时日通常选为正月初九天诞日、七夕日、中秋节、灶君日等。在中秋时节，百姓会以茶拜祭月娘娘。

5.8.2 以茶会友

古代文人墨客喜欢以茶来招待客人（图 5-9）。清代画家郑板桥就特别中意以茶待客，曾写下：“月光清峭射楼台，浅夜篱门尚半开，树里灯行知客到，竹间烟起唤茶来。数声犬吠秋星落，几阵风传远笛哀。坐久谈深天渐曙，红霞冷露满苍苔”，阐述的是傍晚时分，好友到访，主人便煮茶待客，直到黎明时分友人才告别。

图5-9　以茶会友

5.8.3 敬茶

在中华民族传统中，晚辈会以敬茶的方式表达对长辈的尊重（图 5-10）。节假日有敬茶吃酒的传统。饮茶在我国不仅是一种生活习惯，更是一种源远流长的文化传统。中国人习惯以茶待客，并形成了相应的饮茶礼仪。按照我国传统文化的习俗，无论在什么场合，敬茶与饮茶的礼仪都是不可忽视的一环。敬茶步骤大致分为以下几步：嗅茶—温壶—装茶—请茶—续茶—茶艺。

图5-10　敬茶

5.8.4 茶馆与饮茶

据古籍记载，中国最早的茶馆于唐朝开元年间出现，叫茗铺。直到明朝，逐渐出现私家园林，此时江南地区的茶馆已成为百姓娱乐之地。到清朝时期，京城中百姓已经可以自己带上茶叶，拎着鸟笼，入座买水了。在乾隆盛世，江南地区出现了河滨茶馆，卖茶、瓜子、糖果等休闲食品。同治初年，上海等地出现了茶馆，著名的“丽水台”茶楼便是其代表。光绪年间，上海有了广东茶楼和东洋茶馆，主营茶和各种小吃，如早茶以鱼生粥为主，午茶主要是点心等，夜茶以莲子粥最为出名。之后在苏州的茶馆，除了常规的喝茶、配备点心外，苏州评弹和说书也是一大特色。此外，北方茶馆除说书之外，相声也是其特色。在台湾，茶艺馆里面会设置茶艺表演，一般由受过专业培训的人员进行表演，但没有餐饮。为了吸引顾客，店家一般都比较注重茶文化的渗透，在茶艺方面下功夫，进而提升茶馆的文化水平（图 5-11）。

图5-11　茶馆

5.8.5　斟茶道歉

在 20 世纪七八十年代的香港商业社会，斟茶致歉十分常见。每当有人犯了错误，若想获得原谅，便会为对方奉上一杯茶。渐渐地，这种方式流传开来，成为一种被大众所接受的道歉方式。

5.8.6　端茶送客

在清朝，不管是寻常百姓还是商场官僚，为客人送上一杯茶只是一种形式，客人并不会真正喝茶。特别是下属同上司交谈时，即使面前有茶，他也不敢喝，说完正事后，上司便会对其说：“请用茶”，此时客人便会明白其意思，主动辞行，因此端茶便发展成一种送客的暗示。但随着新中国的成立，封建社会土崩瓦解，平等意识增强，端茶送客的礼节逐渐消退在历史洪流中，只在一些电视剧中出现（图 5-12）。

图5-12 端茶送客

5.8.7 婚礼中敬茶

在中式婚礼中，双方父母通常会喝到新婚夫妇在仪式中的敬茶，父母通常只是抿一小口茶，并给新婚夫妇一个代表好运的红包。此外，茶礼也是准备给非本家人见面时的礼物。在中国，家族一般相对庞大，新婚夫妻在婚前很可能没见过对方家族的其他成员，这种情况在古代社会中更为常见。因此，在茶礼时，新婚夫妇可能就会非常正式地敬茶（图 5-13），并用正式的称呼来称呼他们的本家人，这一称呼不仅表示尊重，更表示他们即将成为一家人。除了长辈会给新婚夫妇红包之外，新婚夫妇也会给比他们辈分小的人红包，图个好彩头。

图5-13 婚礼中敬茶

5.8.8 致谢斟茶者

在中国，如果别人给他斟茶的时候已经溢出，他可以用手指轻敲桌面以做提示，也可表达对斟茶者的感谢。这个习俗起源于清朝，乾隆帝喜欢微服私访，到民间巡游，为了了解更为真实的民生民情，他要求随从侍卫不能暴露他皇帝的身份。有一次，他们一行人来到一家茶馆，乾隆帝随手为自己倒了一杯茶之后，又给他的侍卫斟了一杯茶。在封建社会，对侍卫来说这是莫大的恩宠，出于条件反射，侍卫想立即磕头谢恩，但这样做的话便会暴露皇帝的身份。因此，他便将手指在桌上弯了弯，类似叩头谢恩的样子，以表示对皇帝的感谢与尊重。直到如今，这种表达感谢的方式仍然流传于中国及受中华民族传统文化影响的地区（图 5-14）。

图5-14　致谢斟茶者

极具时代特征的茶文化，在历史洪流中流传至今，其所代表的精神影响了一代代中华儿女。茶不仅是文人雅士的喜好之物，也是寻常百姓的日常所需，既是高雅文化的浓缩，也是民族文化的提炼。茶文化倡导以德为核心，关注人切身发展，提倡无私奉献、情义至上，同时也强调人与人之间的和谐发展。此外，茶文化体现出人与人互尊互敬、修生养德，有利于排解现代人过大的压力，也可提高人们的生活质量，使生活丰富多彩。茶文化的文化底蕴使人身心舒畅，其所传达的知识发人深思，亲朋好友品尝茶水、鉴赏茶具或观看茶艺表演，都能给人一种舒适的享受，并促进茶文化的发展与交流。

图片来源

图 5-1　余悦．“三盏搜肠句更佳”：中国茶与文学艺术 [J]. 收藏与投资，2019，9：88-105.

图 5-2　潘高洁．晚明文人的茶具、茶寮与饮茶生活：以丁云鹏《煮茶图》为例 [J]. 艺术品，2015，6：102-115.

图 5-10　福相．白茶之乡举办首届敬茶节 [J]. 绿色中国，2019，8：58-59.

6 灵魂大使——酒

诗情“化”意

吉日兮辰良，穆将愉兮上皇；
抚长剑兮玉珥，璆锵鸣兮琳琅；
瑶席兮玉瑱，盍将把兮琼芳；
蕙肴蒸兮兰藉，奠桂酒兮椒浆；
扬枹兮拊鼓，疏缓节兮安歌。
陈竽瑟兮浩倡；
灵偃蹇兮姣服，芳菲菲兮满堂；
五音纷兮繁会，君欣欣兮乐康。

——屈原《九歌·东皇太一》

巍巍五千年，大至国家祭祀，小至乡俗宴请，有一种东西往往是不可或缺的，那就是酒。在我国，酒不仅是一种物质文化，更是一种精神的传承。在喜庆日道贺，或相聚日与老友畅饮，或为胜利高歌，对于我们而言，酒更是一种物质上的知己，精神上的依托。酒以独特的身份，浸入了整个中华民族的历史中。

6.1 酿酒奇说

6.1.1 仪狄造酒说

仪狄造酒说如表 6-1 所示。

表 6-1 仪狄造酒说

出处	原文
《世本》	仪狄始作酒醪，变五味
《战国策·魏策二》	昔者，帝女令仪狄作酒而美，进之禹，禹饮而甘之，遂疏仪狄，绝旨酒，曰："后世必有以酒亡其国者。"
《吕氏春秋》	仪狄作酒

6.1.2 杜康造酒说

杜康造酒说如表 6-2 所示。

表 6-2 杜康造酒说

出处	原文
《世本·作篇》	少康作秫酒
张华《博物志》	杜康作酒
陶渊明《述酒》诗题注	仪狄造，杜康润色之
曹操《短歌行》	何以解忧，唯有杜康

6.1.3 人工酿酒

人类发明酿酒的过程分为两类：先是以黍米或粟等为主要原料，以稻芽或粟芽为糖化剂，以空气中的酵母为发酵剂酿成最早的人工酒；经过岁月的累积，人们从生活和生产的经验中又发现了生霉的谷芽可以酿出酒精度数较高、味道较好的酒，因此开始了繁殖霉菌、人工制备曲酿的造酒之路。

6.2 酿酒工艺与化学

世界著名的六大蒸馏酒中，我国的白酒是最为独特的。它颜色清澈透明、酒香馥郁芬芳、优雅细腻，饮之或甘润柔和、或醇厚绵甜，备受各界人士的青睐，有广阔的市场和发展前景，在我国经济中具有举足轻重的地位。

6.2.1 酿酒原料的化学组成

1. 原料中的主要化学组成

（1）糖类：一般指淀粉、纤维素、半纤维素和一些低相对分子质量的单糖、二糖。

（2）蛋白质：蛋白质会被微生物蛋白酶分解为氨基酸和小分子含氮化合物。部分氨基酸经微生物代谢，生成高级醇、酯类及其他一些香味物质。

（3）脂肪：通常情况下，脂肪类化合物含量较少，在发酵过程中几乎都能被微生物利用。若脂肪占比过高，会生成较多的高级脂肪酸类物质。

（4）灰分：含有磷、硫、镁、钾、钙等离子。

（5）单宁：它在酿酒过程中会生成丁香酸、丁香醛等香味物质。

2. 谷类原料

生产白酒的原料多种多样，一般用五谷杂粮的籽实做原料，如高粱、玉米、糯米、小麦等。玉米籽实胚芽部分脂肪含量较高，还含有较多的植酸，其在发酵过程中可被分解为使酒呈醇甜味的环己六醇和能促进甘油生成的磷酸。此外，小麦籽实含有淀粉及少量的蔗糖、葡萄糖、果糖，均能酿制更香醇的白酒。以糯米为原料酿酒，其效果比粳米酿制更好。

3. 薯类原料

木薯、甘薯可用其块根来酿酒，因为这个部位淀粉含量高，且蛋白质和脂肪的含量较少。

6.2.2 白酒中的主要化学成分及生成反应

酵母菌将葡萄糖分解成丙酮酸的过程是酿酒过程中最重要的化学反应，其过程如下：

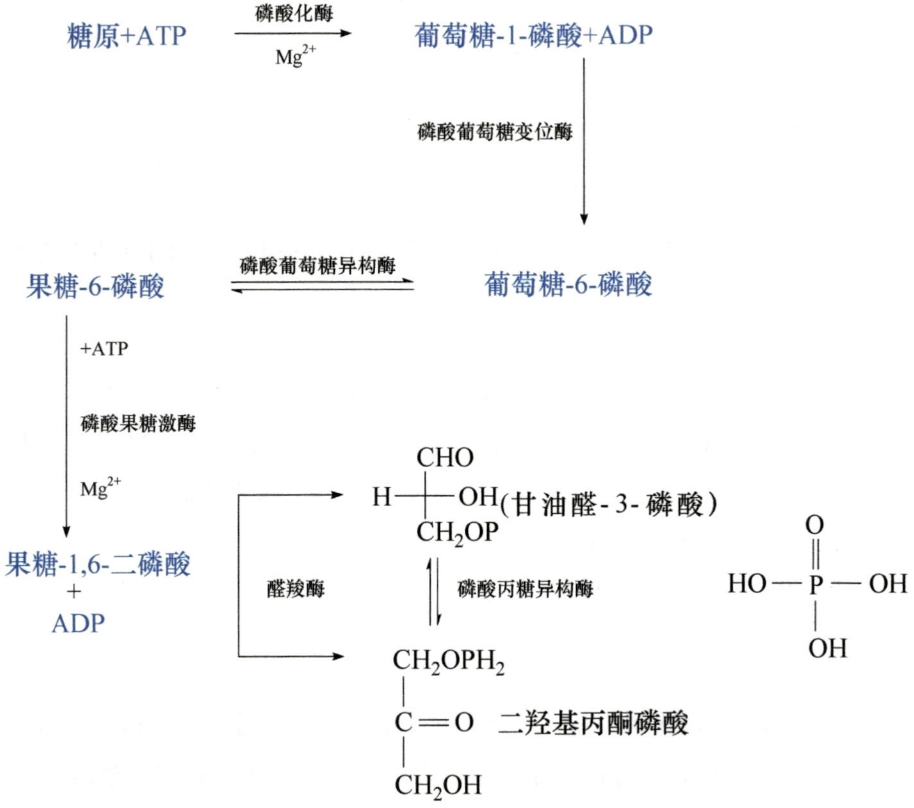

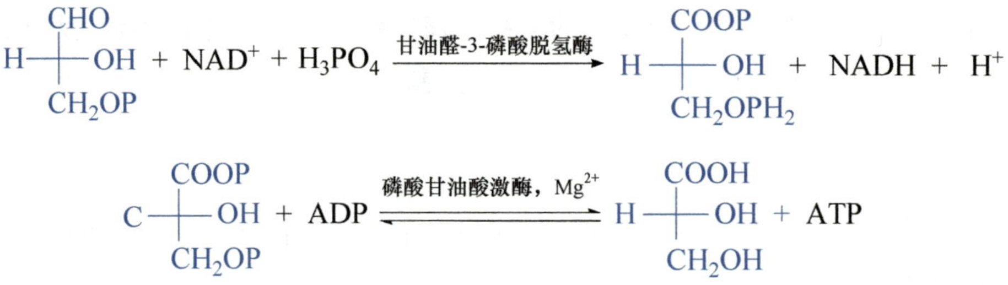

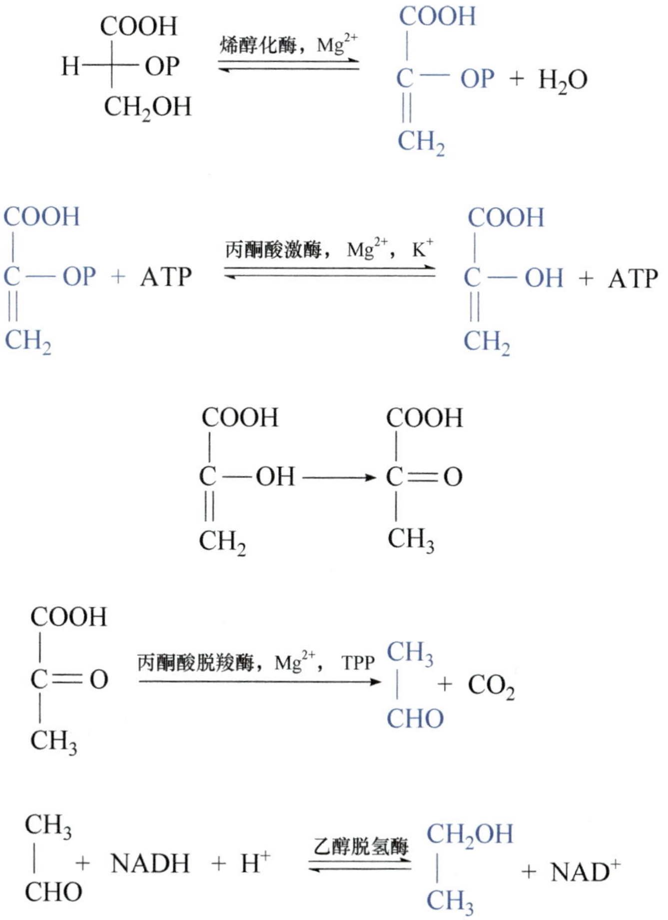

生成丙酮酸后，在无氧的条件下，丙酮酸在丙酮酸脱羧酶、辅酶硫胺素焦磷酸（TPP）及镁离子作用下转为乙醛，乙醛在乙醇脱氢酶作用下生成乙醇。最终乙醇构成了白酒的主要成分。

6.2.3 酒中的其他成分

酒的主要成分是乙醇（C_2H_5OH）和水（H_2O）（占总量的98%~99%），而决定白酒的香味、影响其风格和质量的酸、酯、醛等微量有机化合物占比仅为总量的1%~2%。

1. 醇类

乙醇（C_2H_5OH，含量约 14000mg/L）：有特殊香味，味道带甜，饮用时有烧灼感。

甲醇（CH_3OH，含量约 100mg/L）：与乙醇味道相似，具有烧灼感。但甲醇有毒，容易对人的视神经造成严重危害。其主要是由果胶质在高温的条件下分解产生，也可在微生物果胶酯酶作用下发酵生成。

正丙醇（$CH_3CH_2CH_2OH$，含量 50~800mg/L）：似醚臭，味苦。

正戊醇（$CH_3CH_2CH_2CH_2CH_2OH$，含量约 80mg/L）：有微弱的刺激性气味，与乙醇类似。

异丁醇（$CH_3CHOHCH_2CH_3$，含量约 75mg/L）：与戊醇味道类似，品尝时具有短暂的苦味感。

2. 有机酸类

乳酸（$C_3H_6O_3$，含量约 350mg/L）：微弱的酸味中带点涩，细尝有浓厚感。其主要存在于酒曲中，此外根霉、毛霉也有部分，通常在无氧情况下发酵，可将糖转化为乳酸。

丙酸（CH_3CH_2COOH，含量 0.05~20.0mg/L）：有酸味，味道柔和中带涩。

辛酸（$C_8H_{16}O_2$，含量约 15mg/L）：有脂肪臭味，静置一段时间后出现沉淀。

己酸（$C_6H_{12}O_2$，含量 0.04~8.6mg/L）：有强烈的脂肪臭味，类似大曲酒气味。主要由己酸菌在无氧环境下发酵产生。

3. 酯类

甲酸甲酯（$HCOOCH_3$，含量约 150mg/L）：香味似桃，味道辣中带涩。

乙酸乙酯（$CH_3COOC_2H_5$，含量约 17mg/L）：有果香味，味辣带涩。

乳酸乙酯（$CH_3CHOHCOOC_2H_5$，含量约 14mg/L）：香味较淡，味道甘甜，大于一定浓度后有厚重感，甚至苦中带涩。

4. 羰基化合物

丙酮（CH_3COCH_3，含量约 100mg/L）：特殊臭味中带辣味。

乙醛（CH_3CHO，含量 2.5~50mg/L）：类似果香味的醛臭，味道甜中带涩。主要由乙醇氧化而来；此外，也可由中间代谢产物丙酮酸经脱羧而来（图 6-1）。

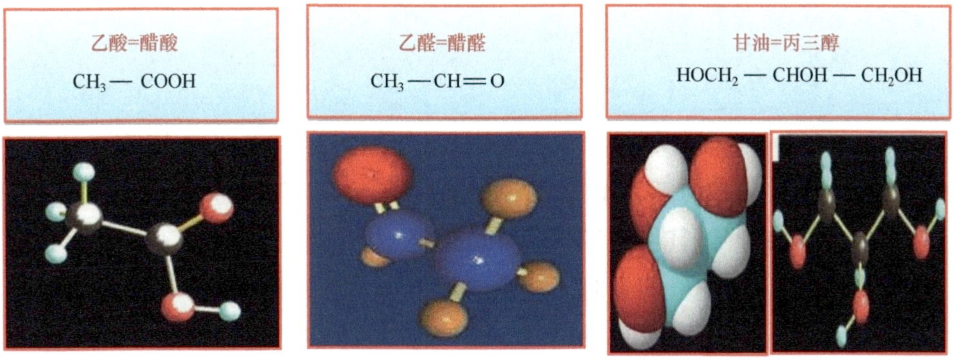

图6-1　相关物质分子式、球棍模型等

糠醛（$C_5H_4O_2$，含量约 5.8mg/L）：带焦臭，杏仁味中微带苦涩。主要由五碳糖在高温蒸煮和微生物作用下产生。

6.3　白酒的香型

白酒的香型分为 5 种：酱香型、浓香型、清香型、米香型和其他香型。下面主要介绍前 4 种。

（1）酱香型：其所含芳香物种类丰富，香味浓厚且其成分占比较高。这种香味由前香和后香两部分构成。起呈香作用的前香大部分由低沸点的醇、酯、醛类组成；后香主要由高沸点的酸性物质组成。相关资料显示，由 100 多种化学成分组成的酱香型白酒味道醇厚细腻，茅台酒和郎酒便是其代表。

（2）浓香型：在乙酸的协调下，富含丙三醇的白酒味道绵甜甘洌，但其主体香源则是己酸乙酯和丁酸乙酯。另外，喷香主要由部分醛类和高级醇构成，泸州老窖便是其代表。

（3）清香型：以乙酸乙酯和乳酸乙酯的香味为主，但香味稍弱于酱香型和浓香型，山西杏花村的汾酒为其代表。

（4）米香型：β- 苯乙醇和乳酸乙酯为其香味的主要成分，桂林三花酒为其代表。

6.4 酒文化

6.4.1 祭祀

酒不仅风靡于寻常百姓家，在国家大事面前，酒也以其独特的姿态占据重要地位。早在先秦时期，就以酒祭祀天帝先王、山川河海等。随着朝代更替，祭祀礼仪得以完善，其所用酒的规格、选择均有讲究。其祭祀对象、目的各有不同，祭日月星辰、四季时节；祀地风调雨顺、五谷丰登；祭鬼望避邪攘灾、惩凶除恶；祀神图生老病死、遇幸享福。人们希望用自己对神灵的感恩，祈求得到庇佑、宽恕、攘灾赐福，于是祭祀时信徒虔诚敬畏的神情、隆重庄严的规章礼仪、琳琅满目的祭品祭器等显得格外重要。

6.4.2 宴请

在古代，酒只有在极其重要的时刻才会出现，小则用于招待贵宾、家族聚会；大则诸侯盟会，因为在他们眼中，酒乃是上天神明、祖先才能享用之物，视为珍品。《楚茨》有曰："献酬交错，礼仪卒度，笑语卒获。"《既醉》有曰："既醉以酒，既饱以德。"《韩奕》有曰："显父饯之，清酒百壶。"《小雅·鹿鸣》有曰："我有旨酒，嘉宾式燕以敖……我有旨酒，以燕乐嘉宾之心。"此外，有酒的地方，歌舞升平、气氛浓烈，可将气氛变得和谐、美好。《小雅·常棣》有曰："傧尔笾豆，饮酒之饫。兄弟既具，和乐且孺。"《小雅·南有嘉鱼》有曰："君子有酒，嘉宾式燕以乐。"酒成为人们招待亲朋好友的必备佳品。在村庄，乡里饮宴的礼节是显示尊贤养老的方式，也是为巩固地位，向群众昭示上下尊卑的观念，这才是其庐山真面目。在我国的历史长河中，酒以其特有的文化形态广泛流传于宴饮活动，成为迄今历史上延续时间最长、最完整的礼仪性活动（图 6-2）。

6.4.3 祝贺

好友相聚，畅谈古今，为长辈贺寿都需要酒来助兴，在某种程度上，酒

图6-2 宴饮

在值得庆祝之事面前已经成为必备品。《大雅·行苇》有曰：“曾孙维主，酒醴维醹，酌以大斗，以祈黄耇。”《国风·豳风·七月》有曰：“朋酒斯飨，曰杀羔羊。跻彼公堂，称彼兕觥，万寿无疆。”

酒在百姓的生活之中随处可见，祝寿、丰收等均可用酒来表达其感情，祝贺其大寿之喜，抑或希望来年五谷丰登、生活富足。

6.4.4 壮行

在古籍或者电视剧中，经常可见领导者为壮士践行时的豪言壮志，此时“酒”便是烘托气氛的必备之物。

《鲁颂·泮水》有曰：“思乐泮水，薄采其茆。鲁侯戾止，在泮饮酒。既饮旨酒，永锡难老。顺彼长道，屈此群丑。”在鲁侯眼中，饮酒除了能青春常驻，还能令军队凯旋。可见，酒已成为凯旋的象征（图 6-3）。

图6-3 壮行

6.4.5 解忧

《周南·卷耳》有曰：“陟彼崔嵬，我马虺隤。我姑酌彼金罍，维以不永怀。陟彼高冈，我马玄黄。我姑酌彼兕觥，维以不永伤。”《邶风·柏舟》有曰：“泛彼柏舟，亦泛其流。耿耿不寐，如有隐忧。微我无酒，以敖以游。”从这些诗句中，我们均可看出，在古代，人们经常以饮酒的方式来排解忧愁，得以从苦闷中解脱片刻（图 6-4、图 6-5）。

图6-4　曲水流觞

图6-5　沽酒解忧

6.5 酒容器发展史

在华夏大地五千年历史长河里，中国酒器的演进历史可谓绚烂多彩，以陶器—青铜器—漆器—瓷器的酒器发展为主导，让其他种类的酒器都黯然失色。古代酒器发展可分为以下五个阶段：

（1）新石器时期：以陶酒器为主流，伴以铜酒器和漆酒器，器类以瀚、益、杯、壶、基、爵为主。

（2）夏商和西周时期：主流为青铜酒器（图 6-6），但也有使用陶酒器的。器类有爵、聋、机、益、壶、尊、彝、基、瓶等。

（3）东周和秦汉时期：出现了青铜酒器和漆酒器并轨发展的趋势，其中青铜酒器受众面较广，以壶、鉴、缶、尊为主。

（4）魏晋至隋唐时期：进入了以瓷酒器为主的酒器时代，其中壶、尊及各种酒杯、注子、温碗等得到普及，以耳杯、杯盏等为代表的玉酒器也开始崭露锋芒。

图6-6 青铜酒具

此外，以壶、盏、杯为主的金、银酒器开始登上历史舞台，争奇斗艳。而曾经辉煌的漆酒器则出现萧条，逐渐退出历史舞台。

（5）宋元至明清时期：已成为主流的瓷酒器占据了大部分市场，其酒器的类型丰富多样，以经瓶、梅瓶、执壶、温碗、高足杯、压手杯等为代表；此外，金、银、玉酒器的发展也齐头并进，毫不逊色于瓷酒器。另外，温酒器和娱酒器也得到了一定的发展，但并未在民众中普及，流传民间的仍是以酒杯为主的酒器（图 6-7）。

图6-7 瓷、金属制酒器

中国的酒文化源远流长，其娴熟的酿酒工艺、绚烂的酒器流传至今。酒文化的发展，代表对神明、先辈的敬畏与尊重，对祝寿、庆贺之事的喜庆，对忧愁情绪的调节。酒是祈求神明庇佑时所求的心安，是酒宴欢快时的助兴，是愁更愁时的忘忧酒……不管酒的用意如何，都能让人们享受到一份共有的踏实。因此，非常有必要对酒文化的精髓进行研习，以促进对中国历史文化的研究。

在现代社会中，无论是好友聚会还是工作应酬，酒是帮助我们将气氛推向高潮的一大功臣。但在饮酒的同时，我们更需要注意度的把握。俗话说“小酌怡情，大酌伤身”，过量饮酒将会影响人们的身体健康，严重者甚至危及生命。

首先，过量饮酒对记忆力、注意力和判断力等都有影响，导致饮酒者出现口齿不清、视线模糊和失去平衡力的情况。其次，饮酒过多对身体最直接的危害就是会引起肝脏细胞代谢紊乱，最终造成酒精性肝损伤。世界卫生组织指出多种癌症的发病率都随饮酒量增加，如肝癌、食道癌、乳腺癌等。此外，并非所有群体都可以喝酒，孕妇、儿童、青少年都应忌酒。

随着现代科学技术和社会经济的不断发展，化学工艺的不断改进，酿酒工艺的不断完善，新的酒陈化技术随之诞生，酒文化也一直在发展变化。但不管科技多么发达，对于中华民族几千年的传统美德和精神追求，我们要在快速发展的经济中坚守它的存在。因此，重新探寻酒文化及其内在含义，对当今社会具有重要意义。

图片来源

图 6-4　朱万章 .《兰亭修褉图》札记 [C]. 北京画院 · 大匠之门 20，2018：18-27.

图 6-5　李瑞双 . 绘黄河之水天上来 悟天生我材必有用：品读李白《将进酒》的艺术表达 [J]. 散文百家（理论），2021，9：73-74，183.

服 饰 篇

7 缟素罗裳，绢染流光——服装材料

古色人间

红妆欲醉宜斜日，
百尺清潭写翠娥。
翠娥婵娟初月辉，
美人更唱舞罗衣。

——李白《忆旧游寄谯郡元参军》（节选）

《周易·系辞》有云：“黄帝、尧、舜垂衣裳而天下治，盖取诸乾、坤”。《诗经·小雅·都人士》说：“彼都人士，狐裘黄黄。其容不改，出言有章”。[1]从这些古代诗句中，可以发现各种服装材料的发展线索，它们具有悠久的历史和发展痕迹。从树叶、生皮到棉花、毛、丝绸、大麻等天然纤维的使用，到现代社会各种化学纤维的问世，以及高科技功能材料的使用，服装的开发和材料的发展正在逐渐打破传统思维，突破内在局限性，向更广阔的方向发展。而材料的发展与化学有显著的联系。

7.1 中国服饰材料发展简史

7.1.1 旧石器时代

早在遥远的旧石器时代，服饰材料就已经初见端倪，这些在后世出土的

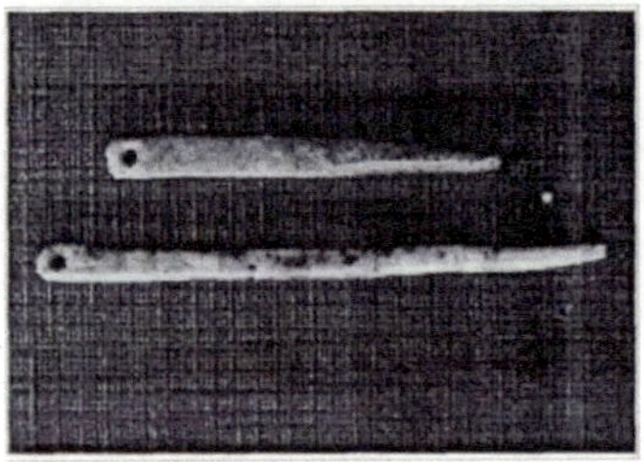
图7-1　骨针

文物中可以看出。2007 年考古人员在周口店的山洞里发现了骨针（图 7-1），这说明山顶洞人已经开始制造简单的衣物了。根据调查推断，当时人们已经开始使用骨针缝制兽皮，用以制作一些简单的衣服掩形御寒，装饰自身。中国服饰文化由此发端。

7.1.2　新石器时代

新石器时代开始出现纺纱的工具，河北武安磁山遗址中就发现了陶制纺轮，河姆渡遗址中还发现了木质的水平式踞织机部件。当时的大多数纺织品是由天然有机材料制成，如苎麻、葛（豆科植物），至今仍有沿用。

丝绸的生产也发轫于新石器时代，但由于丝绸断裂纹路的不同，至今仍存在较大争议。但毋庸置疑的是，丝绸的发明不仅推动了新石器时代纺织业的飞速进步，也为后世的高级多彩提花织物的成长准备了条件。

7.1.3　商周至秦汉

材料的精细化是服饰发展的一个重要标准。有文物和文献记载，在殷商时期，服装的材料有了进一步的发展，兽皮、葛麻、丝及青铜制品等都可以作为服装材料。当时，棉花的种植尚未开始，使用量很小，因此丝麻织物处于主导地位。在此期间，聪明的商代人已经能够精细编织极薄的丝绸、提花几何锦缎和罗纱。春秋战国时期的刺绣工艺发生了翻天覆地的变化，材料更精致，名称更多，如河南襄邑的花锦，山东齐鲁的冰纨、绮、缟、文绣等，很受欢迎[2]。即使在今天，也是非常了不起的工艺。

男女的帽更引人注目，精致的用薄如蝉翼的轻纱，贵重的用黄金珠玉；形状有的如覆杯上耸。鞋，多用小鹿皮制作，或用丝缕、细草编成；冬天皮衣极重白狐裘，价值千金。女子爱用毛皮镶在袖口衣缘，还有半截式露指的薄质锦绣手套，无不异常美观。

秦汉时期的服装面料依旧以锦绣为主（图7-2）。锦绣的绣纹不仅有飞禽走兽，也有藤蔓植物，五颜六色，丰富多彩。织锦既有各种复杂的几何图案，也有很多文字图案。这段时间，服饰的等级差别已经表现出十分明显的趋势，穿不同服装的人有不同的等级身份。

图7-2　素纱锦衣

7.1.4　魏晋南北朝

魏晋南北朝时期的服饰是以汉代服饰为基础的。当时，道教和佛教的思想很受欢迎。这种文化思想也反映在服饰文化中。体现道教风格的长襟大袖开始盛行。同时，频繁的战争和流离迁徙也在客观上促进了服装的发展，并导致了各民族服装相互影响。然而，在此期间，服装的材料没有发生重大变化。

7.1.5　隋唐至清

隋唐时期是中国文化发展和繁荣的一个重要阶段。中国从分裂走向统一，由战乱年代走向稳定繁荣。服装材料的繁荣发展也是经济文化繁荣发展的一个方面，无论是服装的衣料还是衣式，都发生了较大的变革。无论是彩锦还是特种宫锦，无论是刺绣还是长巾子，无论是披帛还是女鞋，均名目繁多、做工精细，服饰的大发展可见一斑。

在宋代，汉族服饰的风格和材质构成基本保留，但服装的形式和配饰略有变化。辽、西夏、金和元代服饰分别具有契丹族、党项族、女真族和蒙古族的特点，是民族服饰交流与融合的产物。

元代纺织物名目繁多，空前繁荣，服饰材料都以天然纤维为主，风格有所改变。

明代服饰辉煌灿烂，其突出特点为“汉官威仪”。明代服饰结合了周汉时期和唐宋时期服饰的特点，在传承中又有创新，形成了具有鲜明特色的明代服饰，如明代官服补子、忠靖冠、六合一统帽等。

清代的服饰文化在中国古代文化史上占有重要地位。清代服饰一改汉族宽袍大袖的款式风格，推行以长袍马褂为主的服装，并在晚清逐渐兴起氅衣、衬衣、坎肩、裤子等样式。由于清代王府贵胄对服饰极度精致奢华的追求，促使了各种丝纺绣染及手工技艺的发展。例如，缂丝、妆花、刺绣、镶滚等工艺在清代达到鼎盛。有些工艺甚至流传至今，为世人传承与赞叹。

7.1.6 近现代

近现代以来，人们熟悉的创新服饰就是旗袍（图 7-3）。清代的旗装花色和用料非常多样，尤其是具有对比度非常高的颜色，创造了生动的颜色搭配。民国旗袍与旗装有相似之处，不同的只是款式发生了一些改变，更加突出女性的体态之美。旗装面料以厚重织锦或其他提花织物居多，装饰较为烦琐；民国旗袍织物面料相对轻且薄，印花织物增加，并且装饰相对简单。旗装和旗袍各有各的美，这也从侧面反映了社会的发展。

图7-3　旗袍

新中国成立后，服饰的发展走向了革命化和朴素化。此时中山装与列宁装很常见，它们象征着革命和进步，是新中国成立之后的潮流。面料的选择也有很多种。中山装作为礼服，面料宜选用纯毛华达呢、驼丝锦、麦尔登、海军呢等，因为这些面料比较厚实、饱满、光滑、柔软、有光泽，更符合中山装沉稳庄重的风格。休闲装选材相对灵活，可以选择棉布、卡其布、化纤面料和混纺羊毛面料，它看起来和穿起来更轻、更灵活。

改革开放以来，服饰发展呈现出五彩缤纷和灵活多变的风格，伴随服饰的西化与全球化（图 7-4），百家争鸣，百花齐放，传统服饰也有所复兴。

图7-4　西装

从古老的服饰到现今新潮的衣物发生了较大的变化，无论是衣服样式还是服装材料，都显示着生产制造业的发展。时光更替，不变的是人们对美的孜孜不倦的欣赏与追求。知其源求其本，若从化学角度来解读服饰文化，我们会发现不一样的天地。

7.2　现代服饰材料的分类

服装的种类丰富多彩，材料却主要有两类，即纤维和皮革。

（1）纤维：是坚韧且纤细的丝状物质。它具有弹性大、强度高，以及一定的可弯曲性和包缠性等特点。从获得方式上看，纤维分为天然纤维和化学纤维。在古代，所使用的服装材料基本都是天然纤维，它较容易获得。化学纤维包括人造纤维和合成纤维。人造纤维与合成纤维之间具有一定的差异：人造纤维采用天然原料，利用化学方法合成；合成纤维采用化工原料，利用化学方法合成。它们之间的差异体现在所用材料的不同。

（2）皮革：是指动物的皮或毛经过一系列物理和化学加工之后得到的不易腐烂的材料。脱毛加工后制成的产品称为革，而带毛的产品称为皮。皮革是很常见的服装材料，可以用来制作鞋子、帽子、箱包等。

7.2.1 天然纤维的分类

天然纤维的分类如图 7-5 所示。

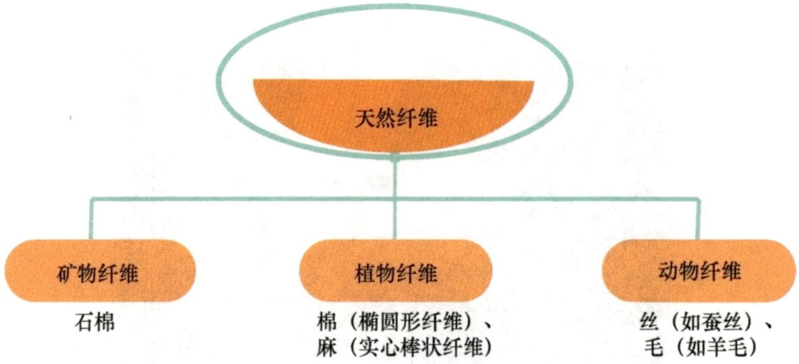

图7-5　天然纤维的分类

7.2.2 化学纤维的分类

化学纤维的分类如图 7-6 所示。

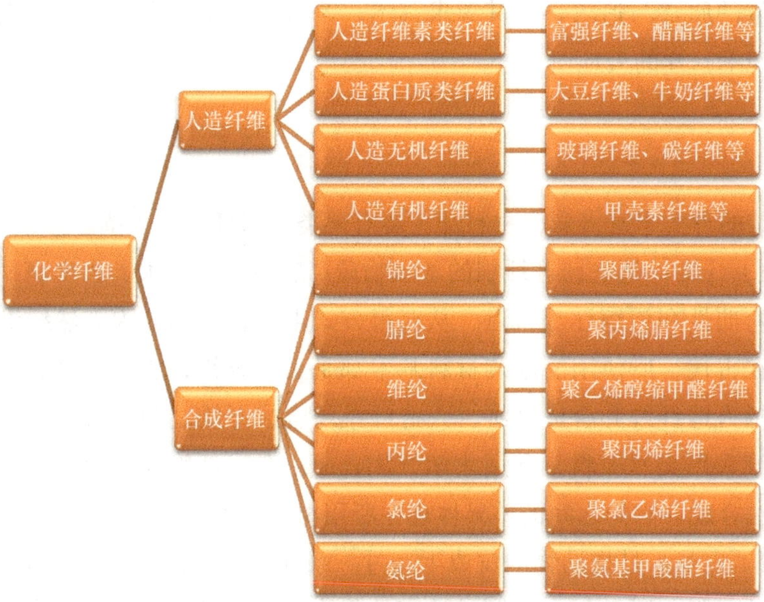

图7-6　化学纤维的分类

7.3 天然纤维介绍

7.3.1 植物纤维

植物纤维的主要成分是纤维素，分子式为（$C_6H_{10}O_5$）$_n$ 或写作 $[C_6H_7O_2(OH)_3]_n$，是葡萄糖分子缩合而成的链状多糖[3]。植物纤维燃烧时生成二氧化碳和水，无异味。植物纤维主要分为棉和麻两类。

棉纤维的主要成分是纤维素，是一种常见的服装材料，它具有良好的纺纱性能，这也是它从古至今一直沿用的原因之一。生物研究发现，棉纤维的表面含有脂蜡质，俗称棉蜡，棉蜡对于棉纤维十分重要，可以保障棉纤维有良好的纺纱性能。

根据原棉的色泽度，棉花可分为多个种类，如白棉、灰棉等。白棉是正常生长质量最高的棉花，色泽鲜亮，易于染色和加工。

府绸是棉布的主要品种，兼有丝绸风格。布料质地细腻，柔软光滑，非常舒适，采用平纹编织而成。府绸的组织结构特点是：经纱密度比纬纱密度大一倍左右，布身上经纱露出面积多于纬纱，其凸起部分在布面外观形成明显的菱形颗粒，并且其所用纱支质量较高，所以布面清晰、颗粒饱满、干净紧致。然而，府绸织物具有一个主要缺点，即用它缝制的衣服容易产生纵向裂缝。这是因为府绸的经纱和纬纱密度的差异太大，导致经纱和纬纱之间的强度不平衡，经向强度几乎是纬向强度的两倍。

麻纤维是从植物茎或叶截取，纤维较长，更厚，并且厚度不均匀，具有良好的强度。

作为纤维素纤维，麻纤维可根据其性能分为管束纤维和软纤维[4]。管束纤维从植物叶或鞘剥离，并且纹理粗糙、坚硬，如剑麻，通常仅使用于制造渔网等。软纤维是从植物茎中取出的润皮纤维，质地相对柔软，并且根据木质素的含量而不同。木质素含量相对高的，质地比较粗硬，适合制作麻袋、绳索等，如红麻。木质素含量较少的，具有柔软的质地且可以用作纺织材料，如苎麻。

与棉纤维相比，麻纤维相对较直，不卷曲，并且缩水性小。麻制品的衣服表面光滑，透气性较好（结构松散且散热快），清洗后仍然非常挺括且无褶皱，不易变形（纤维比较直，不卷曲）。

麻类纤维不仅普遍含有具备抗菌性的麻甾醇等有益物质，且不同的麻纤维还含有不同的有助卫生保健的化学成分。例如，亚麻能散发出对细菌产生很强抑制作用的香味，对螨类有较强杀伤力。苎麻含有丁宁、嘧啶、嘌呤等成分，对金色葡萄球菌、大肠杆菌、绿脓杆菌等有一定的抑制作用。大麻纤维含有10余种对人体健康有益的微量元素。罗布麻含有罗布麻苷和多种氨基酸，具有降血压和提高人体机能的效果。

7.3.2 动物纤维

动物纤维的主要成分是角蛋白。因为没有消化酶对它起作用，所以它没有任何营养价值。它们都具有中空管状结构，丝和毛两类都是常用的。

（1）丝纤维比较细长，是由蚕分泌汁液在空中固化而成。通常来说，一根丝缠绕而成一个蚕茧，蚕丝强度高，有光泽，亲肤凉爽，比较适合制作高档的夏季服装。

（2）毛纤维包括各种兽毛，以羊毛为主。毛纤维比丝纤维粗短。毛纤维具有很好的耐磨和保暖功能，而且蓬松舒适，适宜做外衣，但是容易发霉、遭虫咬。现在羊毛织物大多都含有防止虫蛀的成分，受到许多人的喜爱。

7.3.3 常用的天然纤维

1. 棉布

棉布（图 7-7）是各类棉纺织品的总称。棉布具有很多优点，可以用来制作各类服装。它轻松又保暖，柔和且贴身，同时吸湿性和透气性都比较好。但是它也有一定的缺点，易皱易缩不挺括，穿着时必须时常熨烫。

图7-7　棉布

2. 麻布

麻布（图 7-8）是由各种麻类植物纤维制成的布料。除了制作休闲装和工作装之外，也多用于制作普通的夏装。它也有很多优点：吸湿、导热、透气性甚佳。但是其较为粗糙生硬，穿起来不是很舒适。

图7-8　麻线织袋

3. 丝绸

丝绸（图 7-9）是用蚕丝为原料编织的各种织物的总称。丝绸也像棉花一样有不同的品种。丝绸主要用来制作各种女装。它的优点是轻盈合身、柔软、光滑、透气、色彩缤纷、高贵典雅、穿着舒适。它的缺点是容易产生皱纹、吸身，不够结实，并且褪色更快。

图7-9 丝绸

4. 呢绒

呢绒（图 7-10）又叫毛料，是各种类型的羊毛、羊绒织物的总称。它通常用来制作正式、高档的服装，如礼服、西装、大衣等。其优点是抗皱性和耐磨性较强，手感柔软，高雅挺括，富有弹性，有良好的保暖性，但是其清洗有难度，不适合做夏季的服装。

图7-10 格子呢

5. 皮革

皮革（图 7-11）是经过鞣制而成的动物毛皮面料。它多用于制作时装、冬装。皮革可以分为两类：一是革皮，即经过去毛处理的皮革；二是裘皮，即处理过的连皮带毛的皮革。它的优点是轻盈保暖、雍容华贵。但是皮革价格昂贵，且其储藏和护理要求较高，不能大范围普及。

图7-11 皮革服饰

7.4 化学纤维

7.4.1 合成纤维

常用的合成纤维有五大纶：

（1）锦纶（聚乙二酰乙二胺纤维，见图 7-12 和图 7-13）：又叫尼龙。质量轻，弹性好，吸汗性较好，但是容易走样。

$$H\!+\!HN(CH_2)_xNHCO(CH_2)_yCO\!+\!OH$$

图7-12 锦纶的结构式

图7-13 尼龙

(2) 涤纶（聚对苯二甲酸乙二酯纤维，见图 7-14）：又叫的确良。优点是可与其他纤维混纺，年久不变色；缺点是不吸汗且需要高温染色。

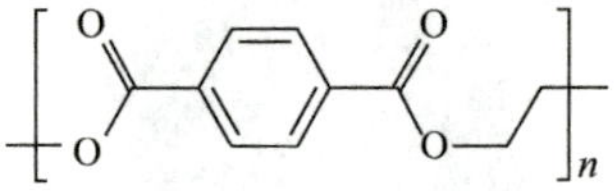

图7-14　涤纶的结构式

涤纶的生产原理——直接酯化法：对苯二甲酸与乙二醇直接酯化，如图 7-15 所示。

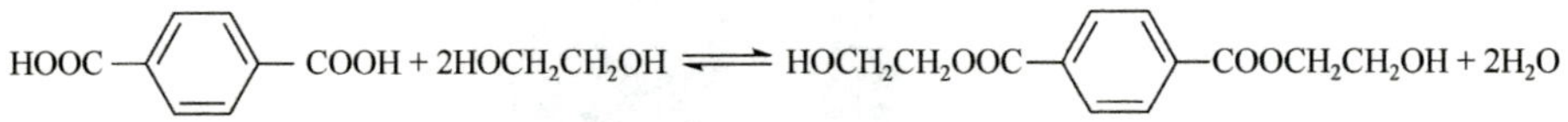

图7-15　直接酯化法反应式

(3) 腈纶（聚丙烯腈纤维，见图 7-16）：又叫人造羊毛。具有与羊毛相似的特性，质轻，保温性优良而富有弹性；缺点是强度不如尼龙和涤纶。

$$n\,H_2C{=}CHCN \longrightarrow {+}CH_2{-}CHCN{+}_n$$

图7-16　腈纶的合成反应式

(4) 维纶（聚乙烯醇纤维）：亲水性好，吸湿性强，与棉花相近，拉伸弹性比羊毛差，比棉花好，可代替棉花用作衣料。

※1920 年制成的聚乙烯醇纤维，能溶于水。

※ 外科手术的缝合线，在肌肉内随着刀口的愈合而逐渐溶解，不必拆线。

※1939 年制成不溶于水的聚乙烯醇纤维，1950 年开始工业化。

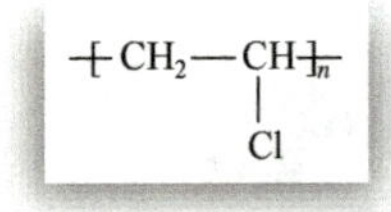

图7-17　氯纶的结构式

(5) 氯纶（聚氯乙烯纤维，见图 7-17）：其抗拉强度可与丝绸和棉相媲美，最大的优点是阻燃性和自熄性；缺点是耐热性低，染色性差。

7.4.2　人造纤维

人造纤维就是用常见的竹子、木材、甘蔗渣、棉子绒等做原材料，经过加工得到的纤维制品。

人造纤维可以分为人造丝、人造棉和人造毛三种。有粘胶纤维、醋酸纤维、铜氨纤维等重要的品种。与合成纤维相比，人造纤维强度稍低，吸湿性好，染色比较容易。人造纤维可用于制作衣着用品和室内装饰用品，也可用于制作香烟过滤嘴等。

粘胶纤维是以天然纤维素为基本原料，经纤维素黄酸酯溶液纺制而成的再生纤维素纤维，粘胶纤维的生产过程如图 7-18 所示。

浆粕 → 浸渍 → 压榨 → 粉碎 → 碱纤维素 → 老成 → 黄化 →

纤维素黄酸钠 → 溶解 → 粘胶 → 混合 → 过滤 → 熟成 → 脱泡 → 纺丝 → 后处理

(水洗、脱硫、漂白、酸洗) → 上油 → 烘干 → 粘胶纤维

图7-18　粘胶纤维的生产过程

当今社会，尼龙、聚酯等纤维，在持续的制程改进与物性改良下，已逐渐取代部分天然纤维的衣着应用，化学纤维（或人造纤维）虽然制程方面与天然纤维不同，但其分子构造仍是高分子聚合体。随着社会的发展，人们的生活水平逐渐提高，对服装的要求也越来越高，纺织工业也更加发达，亚洲是全球纺织品服装出口的主要地区，而欧美则是全球纺织品服装进口的主要地区。

7.5　服饰材料发展中的文化现象

人类生活的基本需要离不开衣食住行，服装可以把人与动物分开，它象征着人类文明。在中华文化的漫长历史中，很多词汇都与纺织工业有关：头绪、纪律、成绩、组织、纠纷、约束等。还有耳熟能详的嫘祖和嫫母的传说，后来的“丝绸之路”，不仅给世界许多地区送去了美丽的丝绸、瓷器，也同时送去了发展和文明。

服装是人类特定劳动的结果。通过蒙昧的野蛮时代到文明时代，人类社会已经慢慢行进了数十万年。我们的祖先不再是猿猴之时，他们披上了动物的皮毛和树叶，在风雨中度过了无数年。他们终于进入了文明时代的门槛，学会了覆盖身体，创造物质文明。而追求美是人的本性，服饰的作用不仅是遮盖身体，还有美化功能。几乎从服装起源的那一天起，人们就已经将自己

的风俗习惯、审美情趣、色彩爱好以及各种文化态度和宗教观念融入服饰中，构建了服饰文化精神文明的内涵。

7.5.1　服饰材料中的礼仪文化

在中国古代，“礼”是文化的一大部分，而服饰是“礼”的外化的主要内容。统治者为了巩固自身的地位，就用服装来区分贵贱、等级，因此衣服并不仅仅具有御寒遮体和美化功能。

7.5.2　服饰材料中的尊卑文化

中国古代的平民被称为“布衣”，衣料只能用麻布和葛布。皇室贵胄穿着华贵的丝帛服饰，而广大的平民百姓只能披上粗疏的葛麻织物。“中国古代服饰至迟在国家形成后，已超越驱寒护身的功能，成为‘身之表’，即身份地位的表征和象征”[5]。

先秦时期的唯物主义哲学家荀况认为，人的服装装饰必须符合“贵贱有等，长幼有差，贫富轻重，皆有称也”[6]这一原则才算美。唐代有“未有官者，服粗葛布”[7]的规定，如图 7-19 所示。

图7-19　服饰材料中的尊卑文化

虽然这样的规定并不是一成不变的，也不是每一代都如此，但却明确告知人们：普通民众使用的服饰材料是有限的，不能与官服用相同的材料。各行各业都有自己的衣服，不能越雷池半步。从宏观角度整合人与人之间的关系，建立人际关系的层次结构，稳定社会秩序，易于使社会成员各安其分、各司其职，从而达到礼乐和谐、民心安定，也为中国服饰文化的传统有序、层次化奠定了基调。

7.6 服装的未来

科技的发展和社会的进步使人们对穿衣越来越挑剔，从对自身的关注到对所处环境的关心。除了保暖和覆盖的基本功能，他们还有舒适、安全、卫生、环保等要求。其结果是新的服装材料应运而生，新型纤维的种类如图 7-20 所示，其中值得关注的是再生纤维（图 7-21）。

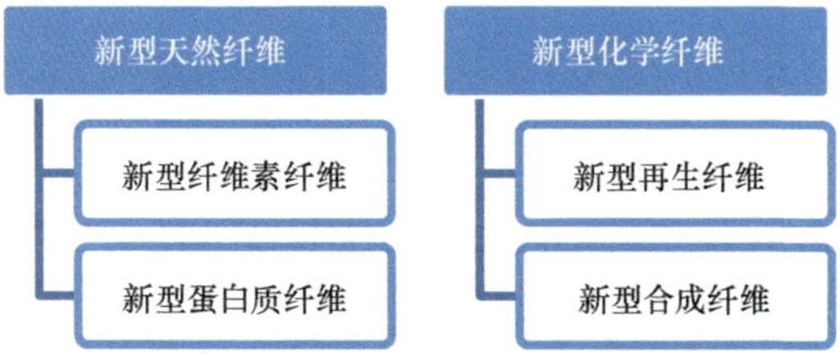

图7-20　新型纤维的种类

图7-21　再生纤维——壳聚糖纸显微镜照片

随着人们生活水平的日渐提高，对服装面料的要求也越来越高，此时，高科技与现代艺术需要结合起来，要求服装面料既具有天然纤维棉、毛、丝、麻的舒适透气性，又具有合成纤维不易起皱、不易收缩变形的特点，穿着随意，便于护理。同时还要具有一些其他功能，如抗菌、防臭、防静电、防辐射等，并要求绿色的生产过程。在科技的推动下，人们越来越讲究舒适的生活、绿色的消费，这是人类经济社会发展的必然。

❖ 服装是裁缝制作的，仅仅是货币的标志，而人的知识、品德和气质，却是一个人真正的人生价值。

参考文献

[1] 虞万里 . 从简本《缁衣》论《都人士》诗的缀合 [J]. 文学遗产，2007，6：4-14.

[2] 刘思呈 . 汉代女性长袖舞研究 [D]. 中国艺术研究院，2014.

[3] 张庐陵 . 竹纤维复合材料的组织设计、制备与性能研究 [D]. 南京：南京林业大学，2009.

[4] 田雪 . 服装专卖店货品管理研究 [D]. 武汉：武汉纺织大学，2013.

[5] 吴爱琴 . 先秦服饰制度形成研究 [D]. 开封：河南大学，2013.

[6] 金妍妍 . “群居和一”：荀子社会伦理思想研究 [D]. 长沙：中南大学，2012.

[7] 黄修明 . 传统服饰文化变革中的社会政治因素 [J]. 西南民族学院学报（哲学社会科学版），1999，S6：81-88.

图片来源

图 7-1　李晓蓉 . 柿子滩旧石器遗址发现的骨针及相关问题研究 [D]. 太原：山西大学，2013.

图 7-2　河南省睢县人民政府 .

图 7-3、图 7-4、图 7-8、图 7-9、图 7-10、图 7-21　https://link.zhihu.com/?target=https%3A//www.hippopx.com/zh

图 7-7、图 7-11、图 7-13　https://link.zhihu.com/?target=https%3A//pixabay.com/

图 7-19　周渝 . 史无前例的明代传世服饰特展 衣冠大成：遇见最“潮”的大明风尚 [J]. 国家人文历史，2020，21：124-132.

8 裳上花——服饰染料

诗情『化』意

俟我于著乎而，充耳以
素乎而，尚之以琼华乎而。
俟我于庭乎而，充耳以
青乎而，尚之以琼莹乎而。
俟我于堂乎而，充耳以
黄乎而，尚之以琼英乎而。
《诗经·国风·齐风·著》

染料是一类化学物质，它能够通过介质与染着物以某种特殊方式结合，使染着物具有颜色且颜色具有一定牢度。

8.1 染料与颜料

颜料与染料（图 8-1）类似，具有较高的发色强度和化学稳定性[1]。它们的区别主要是，染料通常为有机分子，能够以某种方式溶于水，从而扩散到纤维中并与纤维结合，最终使纤维染色；而颜料不溶于水，在其他溶剂中溶解度也很小，因此颜料在介质中并不能呈分子状态，最终不能扩散到纤维上，通常颜料通过黏合剂而黏附于纤维上。

图8-1　各种颜色的染料

8.2　染料分类

根据染料的来源分类，染料包括天然染料和合成染料（人造染料）两大类。

8.2.1　天然染料

天然染料包括植物染料、动物染料和矿物染料三大类。顾名思义，天然染料就是通过物理的方式直接或间接从植物、动物或矿产资源中获得的，一般不会经过化学加工。

1. 植物染料

植物染料通常是从植物的根、茎、叶及果实中提取得到。

在古代，红色染料可以从缬草、红花和苏方中提取得到；黄色染料可以从栀子、姜黄和槐花中提取；“取之于蓝而青于蓝”的青色染料则可用蓝草制得。

在现代，依旧有这种古老且可靠的染色方法。例如，紫穗槐（俗称棉槐条子）的汁液很容易将衣服染成红色；花生植株的汁液很容易将衣服染成棕色。它们清洗起来都十分困难，说明这两种颜色的牢度很强。

2. 动物染料

胭脂虫体内提取的红色染料、紫胶虫的雌虫分泌的树脂——紫胶，这些从动物中提取的有机物质都属于动物染料。

由于动物染料的提取方式比植物染料复杂，因此在应用方面比植物染料晚得多。

3. 矿物染料

矿物染料是各种无机金属盐和金属氧化物，研磨成细粒后制成的染料，古称石染。例如，朱砂（HgS）呈红色，铅丹（Pb_3O_4）呈铁锈色，赤铁矿（Fe_2O_3，图 8-2 为肾状赤铁矿）呈红褐、钢灰至铁黑等色，氯铜矿 [$Cu_2(OH)_3Cl$] 呈绿色，群青（$Na_6Al_4Si_6S_4O_{20}$）呈蓝色等。

图8-2　肾状赤铁矿

8.2.2　合成染料

合成染料是经过人为加工的染料，又称人造染料，主要从煤焦油分馏出来，俗称“煤焦油染料”。又因在发展早期主要基于苯胺，所以它也被称为“苯胺染料”。

1856 年，英国有机化学家珀金进行了制取奎宁（治疗疟疾的特效药）的试验。他先将焦油干馏得到粗苯胺，之后在其中加入重铬酸钾，得到一种黑色黏稠物，这并不是理想中的产物。珀金决定重新进行实验。当他用乙醇清洗试管时，意外地得到了一种紫色溶液。他突发奇想，将一块布片浸入这个紫色溶液中，布片立刻染成了紫色，用肥皂洗涤并暴晒于太阳下，这块布仍然呈现鲜艳的紫色。

这种紫色溶液正是第一个人工合成的染料——苯胺紫[2]，为副品红碱的

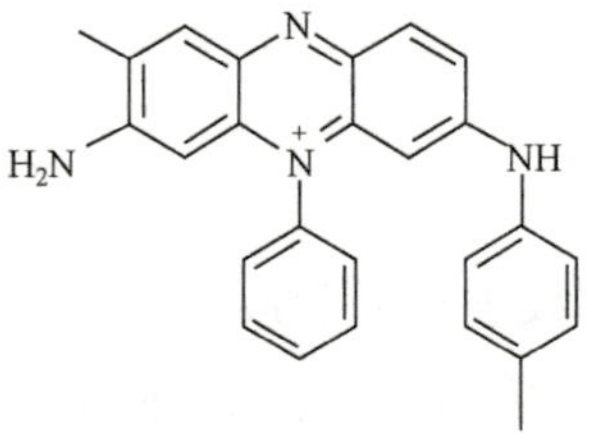

图8-3 苯胺紫A的结构式

四甲基、五甲基、六甲基衍生物的混合物，图 8-3 为苯胺紫 A 的结构式。

珀金申请了苯胺紫的专利，开发了一系列的生产工艺。

1857 年，苯胺紫在工厂正式投入生产，这是合成染料工业的开端。苯胺也成为人工合成染料的一个突破口，为人工合成染料奠定了基础。

8.3 发展历史

公元前 2600 年，中国最早记载了染料的使用。

商朝时期，中国已经具有相当成熟的染色技术。

周朝设置了专业机构负责染草等。植物染料，如茜草、蓝草等的使用已经变得非常普遍。媒染、防染印花（古代称“夹缬”）、蜡染印花等技术已经可以自如应用。

秦汉时期，中国的染色技术有了进一步发展，到西汉时期已经开始用化学方法制取朱砂。同时植物染料开始普遍应用，到南北朝时已有文字记载化学提取方法。

明朝，宋应星在《天工开物》中对植物染料的提取、制备和应用作了详细的记载。

公元前 331 年，在波斯首都苏萨的皇室宝库中发现了有 190 年历史的古老紫色长袍。这说明在近两个世纪前已经有紫色的染料，并且为皇室所用，称为皇家紫（图 8-4）。

图8-4 皇家紫

公元 2 世纪和 3 世纪，在罗马人的坟墓中发现用茜草和靛蓝染色的织物。

公元 3 世纪，在坟墓中发现的古代文献 *Stockholm Papyrus*（希腊著作）中记载了已知最早的模仿紫色的染料配方。

1290 年，德国开始广泛种植当时唯一可提取蓝色染料的植物——菘蓝。当时三种主要的染料为菘蓝、缬草和黄芩。

1464 年，罗马教皇保罗二世颁布命令称红衣主教不应该穿着紫色袍服，而应改穿猩红色的，这是从胭脂虫提取的真正的猩红色（图 8-5）。这种染料是中世纪的第一个奢华的染料，就像远古社会的皇家紫一样。

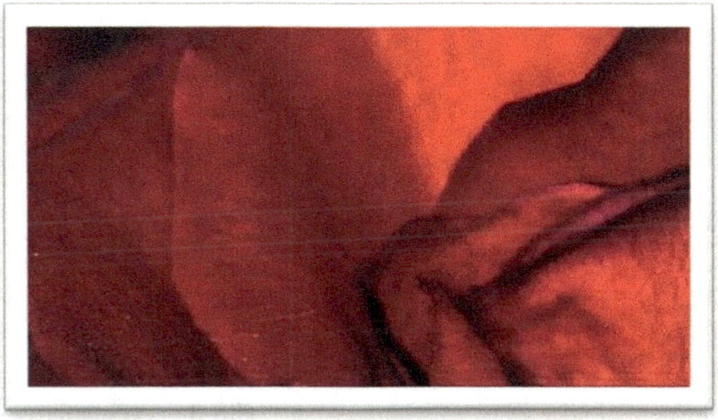

图8-5　猩红色染料

1785 年，法国化学家贝托雷（Bertholet）推荐将氯的水溶液用于商业漂白。同时，其他氧化剂，如过氧化氢、过氧化钠和过硼酸钠等也陆续作为漂白剂使用。

1834 年，德国化学家朗格（Runge）注意到蒸馏煤焦油时，把苯胺用漂白粉处理会得到亮蓝色。这为 22 年后苯胺（碱性）染料的发展铺平了道路。

1856 年，英国青年珀金在寻找治疗疟疾的方法时，发现了第一种合成染料 mauveine（苯胺紫），从此出现了合成染料。

1858~1859 年，法国化学家 Verguin 发现了第二种碱性染料 magenta（品红，见图 8-6），它的应用比苯胺紫广泛。

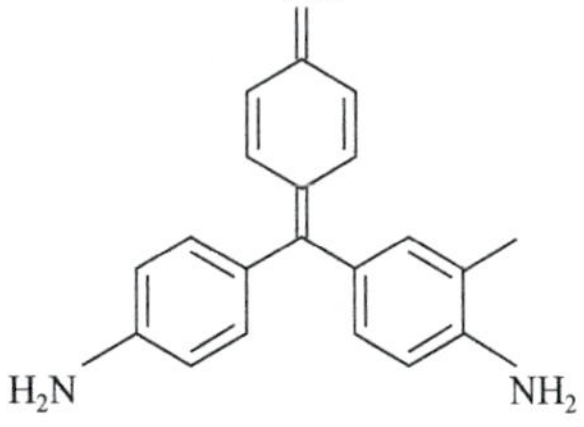

图8-6　品红的结构式

1868 年，德国化学家格雷贝（Graebe）和利伯曼（Liebermann）制造出茜素（合成茜素）。这是植物染料的第一种替代品。

1873 年，法国的 Groissant 和 Bretonniere 合成出第一个硫化染料，棕色的 Cachou de Laval。

1880 年，德国化学家拜尔（Baeyer）成功地通过化学方法人工合成了靛蓝（图 8-7）。

1885 年，Duisberg 合成了早期的直接染料，它们颜色鲜亮，可以直接染色。

1887 年，Nietzki 发明了第一个偶氮媒染料茜素（alizarin）GG。

1901 年，Bohn 申请了他的发明专利阴丹士林蓝（indanthrene blue），这是第一个蒽醌鎓染料（图 8-8）。

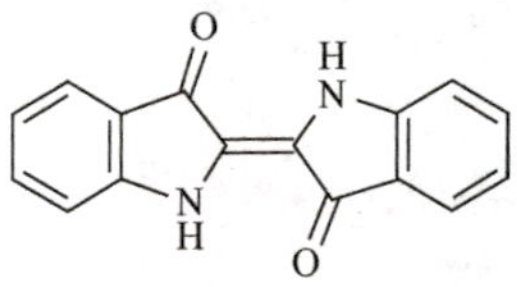

图8-7　靛蓝的结构式

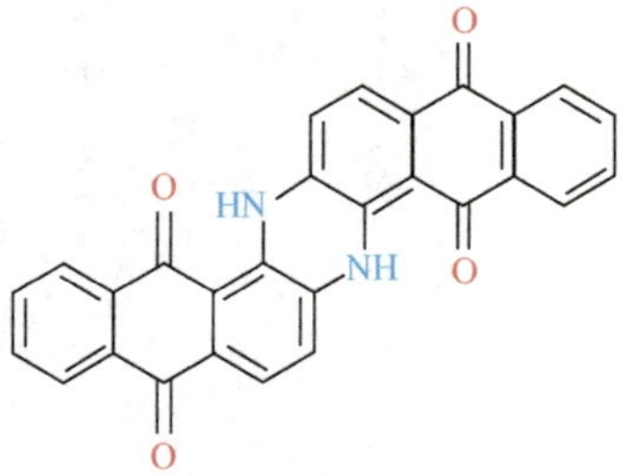

图8-8　蒽醌鎓的结构式

1908 年，Cassella 发展了可与靛蓝竞争的染料海昌蓝（hydron blue）。

1951 年，汽巴公司推出了第一个 1 ∶ 2 金属络合染料——Cibalans 类型的染料。

1956 年，英国帝国化学工业（ICI）公司推出了第一类活性染料 procion，对染料和印染工业产生了巨大的影响。

最初，印染行业主要使用天然染料进行印染。合成染料出现后，由于其具有价格便宜、色谱齐全、品质一致等优点，逐步取代了天然染料，成为印染行业的主力。到目前为止，纺织纤维材料染色用的染料几乎全都是合成染料。但合成染料工业导致的严重的环境污染、能源和资源的不可逆转性消耗等问题也慢慢凸显出来，并逐渐引起了人们的重视。

近年来，随着人们对健康的日益关注和染料生产水平的不断提高，染料的生态环保问题越来越受到重视，染料的应用品种也有了重大变化。“清洁生产”“绿色产品”“生态纺织品”已成为国际纺织服装贸易的新趋势。环保染料的使用已经成为染整行业乃至全世界的共识。因此，对环境污染小、易分解、对人体无毒无害的染料使用得更多。具有这些特性的天然染料重新进入公众视野。天然染料中的植物染料更加受欢迎。

8.4 植物染料

8.4.1 生产及应用

植物染料（图 8-9）的提取是提取植物中有效化学成分的过程。化学提取方法可分为经典提取方法和现代提取方法。经典提取方法技术比较成熟，一般有溶剂提取法和水蒸气蒸馏法。现代提取方法是基于传统提取方法，使用现代更加先进的仪器和技术开发出来的提取方法，主要有超临界流体萃取技术、超声波提取技术。

图8-9 红色植物染料——红花

由于植物染料的提取工艺复杂，提取量少，因此价格十分昂贵，主要用于高档和奢侈品牌服装的染色。由于国际市场对天然植物染色纺织品的需求不断增加，国内对天然植物染料的研究逐渐受到关注，目前中国植物染料的生产和相关染整工艺研究还处在发展阶段。国内有几家大型出口纺织品企业曾开发过相关项目，但由于植物染料和染色工艺的限制，少有规模生产，使得我国拥有世界上最优质纺织品生产和加工的软硬环境，却无法参与该行业的染整、面料和成衣的经营活动。

到目前为止，中国还没有专业的植物染料制造商。虽有植物染料种植，但主要用于食品的着色，而且种类较少，不能满足色系的综合要求。

如何利用植物染料制作书签

植物染料提取过程虽然复杂，将它染到布上也很困难，但在家里我们可以利用植物染料制作书签。

图8-10　准备植物叶片

摘取新鲜、颜色较深、汁液较多的植物花瓣或叶片(图8-10)，否则成品不会有颜色或颜色较浅。

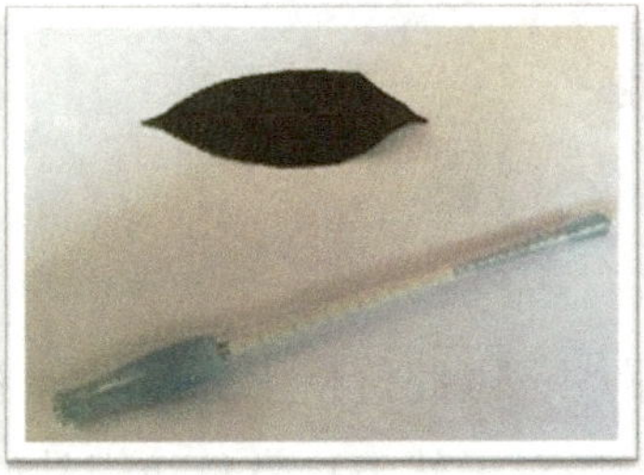

图8-11　压叶片

准备作为书签的卡片和一支较好滚动的笔。用笔用力压平摊在卡片上的植物叶片或花瓣(图8-11)。可以在植物花瓣或叶片上叠加一层透明薄膜。

图8-12　书签制作成功

最后书签就做好了(图8-12)。大家也可以将书签剪成叶片的样子。

8.4.2 功能性植物染料

除了具有普通植物染料的优点之外，功能性植物染料还具有其他特性，因此在高档内衣、睡衣、床上用品、医疗等方面具有非常好的应用前景。

1. 姜黄色素

姜黄是一种传统的颜色鲜艳的天然黄色染料，光泽度特别好，抗热、耐光性好，用沸水煮泡便可直接对各类天然纤维染色。

姜黄色素具有清除自由基、抗皮肤真菌、抗病毒、抗癌的作用，可用于传染性肝炎、胆结石及某些皮肤病的治疗。

2. 番茄红素

番茄红素是一种类胡萝卜素，存在于番茄、胡萝卜、西瓜、木瓜等植物果实中。

番茄红素有清除单线态氧的能力，即它的抗氧化性是类胡萝卜素中最强的，可达到常用抗氧化剂维生素 E 的 100 倍。番茄红素还具有预防和抑制恶性肿瘤、增强机体免疫能力等功能。番茄红素正在作为新的保健色素走向国际市场。

8.5 活性染料

8.5.1 活性染料简介

活性染料又称反应性染料，在染色时不是仅仅通过简单的物理结合使染着物着色，而是通过发生化学反应染色。这类染料分子中含有活泼性较好的基团，能与纤维在水溶液中反应生成共价键。活性染料的色谱更广，性能更优，耐洗，耐摩擦。

但是染浴中一旦有过氧化氢存在，活性染料的活性基团便会遭到不同程度的破坏，从而产生明显的色差、色花等瑕疵。

8.5.2 活性染料的发展

1954 年，英国 ICI 公司的拉蒂和斯蒂芬发现二氯均三嗪染料在碱性条件下与纤维素通过共价键相结合。于是第一个活性染料产生。

1956 年，ICI 公司正式发布了第一个活性染料商品，商品名称为 Procion RED MX-2B。从此，活性染料的世界开始了。

中国从 1957 年开始研究活性染料，仅仅用了不到一年的时间就研制成功第一种活性染料。紧接着的两年间又研制成功活性染料三聚氯氰和 β- 硫酸酯乙基砜，并很快投入生产[3]。

过去的几十年中，几大国外染料巨头慢慢退出染料生产工业，染料生产逐渐转向亚洲市场，中国已经成为染料生产第一大国，最大的活性染料生产厂就在中国湖北。

活性染料的发展与未来，当看中国！

8.6 中国古代的颜色

在我国古代，青、赤、黄、白、黑被称为“五原色”，将原色混合可以得到“间色（多次色）”。五色对应五行木、火、土、金、水，而五行相生相克，因此各朝代的服饰颜色也与此相关。

> 战国时，思想家邹衍排出五行顺序：水生木，木生火，火生土，土生金，金生水；水克火，火克金，金克木，木克土，土克水。

汉朝前期，受秦的影响，朝服还是以黑色为主；汉武帝时，推土为德，因此朝服与土相对应，主要为黄色；后来，开始推行火德，朝服就以赤为主。曹魏与汉武帝时相同，推崇土德，朝服自然也是黄色。晋金德，色尚白。隋唐土德，色尚黄。宋火德，色尚赤。明又推火德，色也为赤。

通过考古的资料发现，新石器时代，我们的祖先就利用矿物染料赤铁矿粉末将麻布染成红色。后来还出现了染成黄、红、褐、蓝等颜色的毛线。

随着印染技术的不断发展，天然染料染出的纺织品颜色也不断丰富。利用现代技术对唐代丝织品进行色谱分析，发现颜色种类达到 24 种。明清时期，染坊有了很大的发展，染料的应用超过了同时期很多国家。

清朝乾隆年间，对上海染坊有这样的描述："染工有蓝坊，染天青、淡青、月下白；有红坊，染大红、露桃红；有漂坊，染黄糙为白；有杂色坊，染黄、绿、黑、紫、虾青、佛面金等。"这反映了清朝时我国染坊发展的繁荣景象。此外，比较复杂的印花技术也有了很大的进步。

> **帝王服**
>
> 历代基本都是色尚赤。帝王衮服、冠冕，始终保持上玄下赤，即黑为主、红为辅的色调。

在中国古代文献中，关于制蓝的记载出现得很早。在《诗经》中有明确的采摘蓝草的记载。

《齐民要术》记载制靛的系统方法：刈蓝倒竖于坑中，下水，以木石镇压令没。热时一宿，冷时再宿，漉去荄，内汁于瓮中。率十石瓮，着石灰一斗五升，急手抨之，一食顷止。澄清，泻去水，别作小坑，贮蓝淀着坑中。候如强粥，还出瓮中，蓝淀成矣。

以上制靛的生产性方法，主要是将蓝叶制成固体的靛状，再进行后续的加工。

中国历史悠远，关于染料、染色的历史也十分丰富，在许多文献典籍中都有完备的记录。

8.7 稀奇古怪的颜料

8.7.1 木乃伊棕

图8-13 木乃伊棕

在这里木乃伊并不是一个名词，而是一个形容词。过去，人们从埃及购买木乃伊，然后将裹尸布上的棕色树脂提取出来，再加工制成颜料，即可得到木乃伊棕（图 8-13）。这种颜料在 18~19 世纪非常流行，透明度很高，但容易开裂，而且容易导致周边颜色的变异[4]。

8.7.2 海螺紫

海螺紫又称提尔紫，是一种非常浓郁的紫红色。约1500年前，这种颜色仅限于东罗马帝国的皇室使用，是地位和权力的象征。这种非常珍贵的颜料在提取时需要将腐烂的骨螺与木灰浸泡在尿液与水的混合物中。这种提取方法不仅非常“恶心”，而且产量非常少。25万只骨螺只能提取半盎司（1盎司＝28.35克）染料，仅仅够染一条罗马长袍。

图8-14 圣母像

8.7.3 群青

“青金石色相如天，或复金屑散乱，光辉灿烂，若众星丽于天也”形容的便是群青这种颜色。过去，群青染料需要到阿富汗开采，再用货船运到欧洲，是文艺复兴时期最昂贵的颜料。从阿富汗的采石厂中开采青金石矿石可不是件容易的事，调配师需要小心翼翼地将石材磨成细小的颗粒，以减少色彩的损失。群青色非常美丽，给人以高贵之感，成为圣母像专用色（图8-14）。

8.7.4 翠绿

翠绿又称翡翠绿、舍勒绿。由于色泽鲜艳、成本低廉，19世纪80年代至20世纪早期这种颜料十分受艺术圈的欢迎，但它的烟雾却是致命的。这是因为这种颜料里面含有砷，其有剧毒。

在凡·高的《献给保罗高更的自画像》中曾发现有这种颜料。

拿破仑也是因这种美丽的颜色而死。拿破仑被流放圣赫勒拿岛时，他住的寝室装饰有金色和含砷的翠绿色的墙纸。由于圣赫勒拿岛湿度高，拿破仑在不知不觉中吸入了毒气，导致慢性中毒死亡。当然，这是在他死后才被发现的。

各色颜料

美国哈佛大学艺术馆——福格艺术博物馆中收藏了2500多种颜料，这些都是20世纪初在此博物馆担任馆长的爱德华·福布斯收集来的。在这里，每一种颜料都标明了产地、生产方式及用处。目前，这个“颜色图书馆”开放给公众参观的藏品仅为馆藏的一小部分，但都十分具有历史意义。

8.7.5 胭脂虫红

胭脂虫红是从仙人掌上生长的雌胭脂虫体内提取的，呈粉红色至紫红色。哥伦布去美洲，发现了胭脂虫晒干后可制出胭脂虫红色，因此胭脂虫成了西班牙人热衷贩运的宝藏。但大多数时候，海盗劫持了西班牙商船，掠夺了金银财宝却没有注意胭脂虫，随意地将它们扔进大海里。因此，远渡重洋的胭脂虫便葬身大海。胭脂虫非常难得，欧洲天主教的主教道袍、英国著名的红军装都是这个颜色。

8.7.6 印度黄

这种颜色来源于印度。在维米尔时代，人们让牛吃杧果叶，然后从牛的尿液中提取了这种颜料。

8.7.7 铬黄

铬黄发现于19世纪中期，是一种亮黄色。这种颜色受热或经年之后会变暗。凡·高的《向日葵》就用了这种颜色，在一篇题为《论凡·高与颜料铅中毒》的论文中提到，凡·高的精神出现问题或许就是因为这种颜料。

人生如印染，认真走好每一步，回头望时，裳上便会花开朵朵，绚烂精彩。

参考文献

[1] 程万里 . 染料化学 [M]. 北京：中国纺织出版社，2010.
[2] 陈孔常，田禾，孟凡顺，等 . 有机染料合成工艺 [M]. 北京：化学工业出版社，2002.
[3] 任崇玲，吴赞敏 . 功能性植物染料的应用及研究 [C]. 铜牛杯第九届功能性纺织品及纳米技术研讨会论文集，2009.
[4] 路振翔 . 天然植物染料的应用及发展 [J]. 成都纺织高等专科学校学报，2015，32(4)：106-110.

图片来源

图 8-2、图 8-4、图 8-5、图 8-14、图 8-15 https://link.zhihu.com/?target=https%3A//www.hippopx.com/zh

图 8-9 https://pixabay.com/zh/images/search/%E8%97%8F%E7%BA%A2%E8%8A%B1/

生 活 篇

9 黑夜的精灵——烟花

诗情『化』意

我们去看烟火好吗
去　去看那
繁花之中如何再生繁花
梦境之上如何再现梦境

让我们并肩走过荒凉的河岸仰望夜空
生命的狂喜与刺痛
都在这顷刻
宛如烟火

——席慕容《请柬》

百花丛中姹紫嫣红，群芳争艳。其中有一种花，它既不生长在庭院中，也不开放在溪水边，却光彩夺目。它绽放在节日夜空，变化万千，无数人为之倾倒、赞叹，它就是烟花。

9.1　烟花简介

烟花，或烟火、焰火，指的是通过在火药中加入金属盐制成的物质，以便它们在燃放时可以发出各种颜色的火花。

烟花的历史源远流长。可以说，从古至今，烟花艺术一直是人类无法离开的文化现象。

9.2 烟花的发展历程

烟花的祖先是鞭炮，演变过程大致可分为三个时期：烧竹期、硝磺期和烟火期（图 9-1）。

9.2.1 烧竹期

烧竹就是用火烧竹子发出声音，这也是“爆竹”名称的由来。

我国以竹烧爆的“爆竹”历史已有 2000 多年，古时就已经有了除夕用它们来驱邪的习俗。

春秋末期，政治家范蠡就在《陶朱公书》中记载道：“除夜烧盆爆竹与照田蚕看火色，同是夜取安静为吉。”大约 300 年后的西汉时期，文学家东方朔在《神异经·西荒经》中记述了一个爆竹驱山魈的故事：西方深山中有人焉，身长尺余，袒身，捕虾蟹。性不畏人，见人止宿，暮依其火，以炙虾蟹。伺人不在，而盗人盐，以食虾蟹。名曰山臊，其音自叫。人尝以竹着火中，爆朴而出（竹子爆裂声势而出），臊（山魈）皆惊惮。

南北朝梁朝时，宗懔在《荆楚岁时记》中也有记载：“正月一日……鸡鸣而起，先于庭前爆竹，以辟山臊恶鬼。”宋代的李畋在他所著的《该闻录》中也记有一个爆竹驱鬼的故事。

9.2.2 硝磺期

随着火药的发明，火药鞭炮取代了过去的竹鞭炮。这时的爆竹则是在竹筒内填充硝或卷纸内包裹硝，其主要原料之一是纸，其次是硝磺配制而成的黑色火药。

烟花发展史
传说很久以前，人们为了赶走叫“年”的怪兽，就将竹子放在火中燃烧，借其产生的爆响声和火光把“年”吓得跑回深山老林而不敢出来吞畜伤人。从此以后，就有了利用爆竹来驱邪的习俗。
孙思邈在《丹经内伏硫磺法》中第一次把火药的配方记录下来，是火药的主要发明者之一！
唐代道士在炼丹过程中偶然发明了火药。炼丹家所用的炼丹原料中包括了传统火药的成分。
唐初，湖南浏阳李畋为驱除瘟疫，将硝石装在竹筒中，用引线点燃起爆，驱散了山岚瘴气。这就是“装硝爆竹”的雏形。
宋、元、明时期，烟火已经成为皇帝、贵族的娱乐用品，并且进入市场交易。到清朝中期，鞭炮烟花更加普及。
烧竹期
春秋、西汉
硝磺期
隋唐
烟火期
南宋

图9-1　烟花发展史

硝称为硝石、火硝，又叫芒硝、苦硝、生硝等，可作为火药的原料矿石。《大学衍义补·火攻论》中说：“硝之名见于本草”。这句话的意思是说“硝”经常用作草木的名字。东汉末年张仲景在其方论中已用为剂，这就说明硝在汉代的时候就出现了。磺是何时出现的呢？春秋时期的《范子计然》有记载：“硫磺出汉中。”西汉刘安在《淮南子》一书中就有关于硫磺的记载。东汉的《神农本草经》也记载了“硫磺能化金银铜铁，奇物”。而许会林在《中国火药火器史话》中提到：“大约在西汉年间，湖南就发现了丰富的硫磺矿，以后在山西、河南等省也陆续发现。”从这些历史记载中可以看出硫磺在汉朝就已经被发现。明代科学家宋应星在《天工开物》一书中提到，硫磺是在焙炼铁矿时分解后冷凝而得到的液体，再凝固时，便成硫磺。也就是说，硫磺矿物要经过高温冶炼，才能制作成火药用硫磺，而火药的发明来自道家炼丹术。英国科技史专家李约瑟表示，在任何一个文明国家，最早提到的火药都是一部名为《真元妙道要略》的道教炼丹书。

由图 9-1 记载可知火药是中唐时期（公元 750 年前后）发明的，说明此时我国的爆竹已经进入竹筒充硝、纸卷裹的硝磺期了。

9.2.3 烟火期

烟火又称焰火、烟花、礼花。《后武林旧事》中记载了关于宋孝宗观海潮放烟火的情景：“淳熙十年八月十八日，上诣德寿宫，恭请两殿往浙江亭观潮……管军官于江面分布五阵，乘骑弄旗，标枪舞刀，如履平地。点放五色烟炮满江、及烟收、炮息，则诸船尽藏，不见一只。”宋理宗时期，周密在《齐东野语》中也记载了当时在皇宫观看烟花的故事。

由此可见，南宋时期，爆竹和烟火已经成为皇帝、贵族的娱乐用品，并且进入市场交易。元、明时期，许多诗人、文学家都有关于鞭炮烟花的记述，如明人刘若愚在《酌中志》也记载了当年宫中放烟火的盛况：“乾清宫丹墀内，自二十四日起至次年正月十七日止，每日昼间放炮，遇风暂止一日半日。遇圣驾升座，伺候花炮。”清朝中期，鞭炮烟花更加普及。

9.3 烟花爆竹中的化学

烟花是烟火药剂在燃烧或爆炸时产生的光、声、烟、火星等各种元素的艺术组合形象，而产生光、声、烟、火星等现象的烟火药剂几乎都是化学药剂。

9.3.1 烟花爆竹的主要化学成分

传统的鞭炮产品通常由硝酸钾、硫磺和木炭制成，其生产工艺、技术要求较高。以高氯酸盐为原料制成的鞭炮被称为白色药炮，现在大多数鞭炮属于这种。

烟花的化学成分复杂，不同类型烟花的成分差别很大。通过比较大量的烟花，可以看出大多数现有的烟花都含有以下化学成分，如表 9-1 所示。

表 9-1 烟花化学成分一览表

作用	原料名称
氧化剂	硝酸钾、硝酸钡、硝酸锶、氧化铜、高氯酸钾、高氯酸铵、四氧化三铅（俗称红丹）等
还原剂	炭、硫、铝粉、铝镁合金粉、磷、钛粉等
着色剂	钠盐为黄色着色物，如冰晶石、氟化钠、氟硅酸钠、碳酸氢钠、草酸钠、硼砂等
	锶盐为红色着色物，如碳酸锶、草酸锶、硝酸锶、硫酸锶等
	钡盐为绿色着色物，如硝酸钡、碳酸钡、氧化钡、氯化钡、高氯酸钡等
	铜盐为蓝色着色物，如氧化铜、碱式碳酸铜（孔雀石）、硫化亚铜、金属铜等
	钾盐为紫色着色物，加钾原子辐射光谱中产生紫色不理想，通常采用红 + 蓝 = 紫的配色法
黏合剂	酚醛树脂、虫胶、浆糊、糊精、聚乙烯醇等
特殊效应物质	碱式碳酸铜、碳酸锶、草酸钠、氧化铜、氟硅酸钠等
溶剂	汽油、香蕉水、乙醇

9.3.2 烟花中的化学反应原理

烟花之所以能够产生光、声、烟等明亮且多姿多彩的现象，是因为在装好氧化剂、还原剂等发射药后，再加入着色剂（如红丹 Pb_3O_4、紫粉）等经引燃后爆炸而成。这种瞬时爆炸过程就是发生一系列化学反应的过程。不同的药物制剂产生许多不同的化学反应。

首先，烟花是在火药的基础上慢慢演变而来的。因此，黑色火药的反应是许多普通烟花的基本化学反应。根据科学的数据表明，火药是由三个部分组成的，且这三个部分所起的作用不相同。硝酸钾是氧化剂，木炭是燃烧剂，硫是黏合硝酸钾和碳的黏合剂。

在没有硫的情况下，硝酸钾与碳反应生成碳酸钾、氮气和二氧化碳气体：

$$4KNO_3 + 5C \xlongequal{点燃} 2K_2CO_3 + 2N_2\uparrow + 3CO_2\uparrow$$

有硫参加时，则产生更多气体：

$$S + 2KNO_3 \xlongequal{点燃} K_2SO_4 + 2NO\uparrow$$

1823 年，法国化学家盖 - 吕萨克发现火药爆炸后的气体产物有 52.6% 二氧化碳（CO_2）、5% 一氧化碳（CO）和 42.4% 氮气（N_2），固体产物有硫酸钾、碳酸钾和硫化钾。各项研究表明，火药燃烧是相当复杂的过程，其爆炸性与组成有密切关系。常见配方“一硫二硝三炭”，一经点燃便剧烈反应，方程式为：$S + 2KNO_3 + 3C \xlongequal{点燃} K_2S + N_2\uparrow + 3CO_2\uparrow$，该反应产生大量气体并放出大量热（约为 706kJ/mol），其体积增大至原来体积的 2000 倍左右。

爆炸时，固体产物的颗粒分散在气体中，因此产生大量的烟雾。爆炸期间释放的大部分能量转化为光能，也就是我们所看到的发光的现象。为什么会有不同颜色的烟火？那是因为在制作烟花的过程中加入了一些发光剂和着色剂，它们可以使烟花具有五彩缤纷的色彩。

其次，很多烟花产品中都含有响珠。红丹（Pb_3O_4）粉、氧化铜（CuO）粉、镁铝合金（Mg_4Al_3）粉，再加上适量的黏合剂并通过一定的比例均匀混合后制成颗粒状药粒。这几种物质在点燃的条件下会放出大量的热。

红丹粉与镁铝合金粉的反应过程可表示如下：

$$Pb_3O_4 + Mg_4Al_3 \longrightarrow Pb + MgO + Al_2O_3 + 热量 \quad (9\text{-}1)$$

氧化铜粉与镁铝合金粉的反应过程可表示如下：

$$CuO + Mg_4Al_3 \longrightarrow Cu + MgO + Al_2O_3 + 热量 \quad (9\text{-}2)$$

配平反应式（9-1）并根据标准生成热计算可知，该反应中每克烟火药剂反应后可以放出 2.42kJ 的热量。而铅的熔点为 327.4℃，沸点为 1740℃，比热容为 0.128J/（g · ℃），根据计算可知铅的温度可以急剧上升到 2360℃，这个温度远远高于铅的沸点 1740℃，减去氧化镁和氧化铝吸收的部分热量以及铅熔化时消耗的热量，铅的温度仍然足以上升到它的沸点以上。换句话说，铅达到沸点之后，反应产生的热量还有剩余。一般情况下，当物质已经达到沸点，若热量还有剩余，则将沸腾得非常厉害，变成气体的状态。同理，反应式（9-2）中每克烟火药剂反应后可以放出 4.24kJ 的热量。在这个反应过程中所释放的热量使铜的温度上升到 1750℃以上，而铜的沸点为 2595℃，因此这个温度与铜的沸点还相差较大。但上述两个反应是同时进行的，且药剂混合均匀，所以产物铜和铅容易形成合金，使它们的熔、沸点降低，从而更容易沸腾气化，也就更容易产生爆炸。

最后，烟花五颜六色的原因是烟火剂各种成分的焰色反应。

对于多组分复杂体系的烟花药剂，一般是借助物理和化学的相关理论、计算机技术和现代光谱分析等开展科学的配方设计的。例如，燃烧反应能否自发进行，采用自由能变化 ΔG 来判断，即 $\Delta G = \Delta H - T\Delta S$。当 $\Delta G < 0$ 时，反应可自发进行，可据此在计算机上编程并算出该药剂的能量特征数。借助光谱分析，可检验出 $SrCl_2$（红色，620~720nm）、$BaCl_2$（绿色，490~565nm）、$CuCl_2$（蓝色，440~490nm）是否存在，光谱能量分布是否落在特定波段内，这样可以使所设计的红、绿、蓝火焰色彩更加鲜艳夺目。

9.3.3 烟花燃放的化学污染

从烟花的化学成分可以看出，其中的大部分燃放产物都会对环境产生污染。例如，含硫物质会产生 SO_2，吸入 SO_2 后会使人体的呼吸功能受损，特别是同时有悬浮颗粒作用的情况下。含硝基物质产生的二氧化氮腐蚀性很强，对人体的刺激作用非常强烈，尤其容易刺激儿童的肺部发育。二氧化氮是光化学烟雾形成的主要因素之一。二氧化硫和二氧化氮都是造成酸雨的主要“凶手”。另外，一些含金属物质会造成重金属污染，还会产生大量粉尘污染和有机污染。

燃放烟花爆竹会对环境产生一定的影响，同时燃放过程中由于不小心或产品质量不合格等问题存在安全隐患。因此，烟花的安全、环保问题受到了大众的广泛关注。近年来，烟花爆竹的发展与创新也一直是在争议中前进。

9.4 烟花的发展与创新

由于传统烟花污染严重，近年来，烟花行业不断发展与创新，不断渗透绿色理念、人文理念。可以肯定，烟花爆竹未来的主旋律是发展与创新。

目前，环保烟花已成为市场主流，并采用安全性能极高的“高钾”药粉作为原料，以增强烟花爆竹的安全性。另外，当今的烟花爆竹发展始终与时代同步，与科技同行，在烟火固体化学理论、纳米烟花技术、稀土烟花技术和融合其他多学科高新技术于一体的烟花技术方面已取得突破。计算机虚拟设计与仿真技术已被用于精品烟花的设计与制造；大型焰火燃放已采用计算机可视化编程设计和精确程控点火技术。随着计算机技术的融入，“模块化智能烟花”“矩阵烟火”“卡通烟花”指日可待。除此之外，以记忆合金丝为支架，可以制造出含苞待放的新品种烟花；应用现代微电子技术，可以创新出音乐型烟花；应用现代芯片技术，可以创新出智能芯片烟花；以硝基纤维素或聚乙醛、乌洛托品为可燃载体，可开创出安全环保型无烟烟花。

9.4.1 冷光烟花

冷光烟花又称冷焰火、冷烟花，是采用燃点较低的金属粉末，按一定比例加工而成。其燃点较低，通常为60~80℃，外部温度为30~50℃，主要应用于大型焰火晚会、婚礼庆典、舞台造型中，甚至可以在室内燃放，如图9-2所示。

图9-2 冷光烟花

与传统烟花相比，冷光烟花具有烟雾小、焰温低、气味淡等特点。优质的冷光烟花产品燃放时花形呈现银白色、掉渣少，几乎没有残留物质，气味淡；劣质的冷光烟花燃放时花形带红、掉渣较多，而且有块状物质喷出。

尽管如此，由于喷出的火焰高度不同，对场地也有要求，所以在燃放冷光烟花时也要注意火灾隐患。

9.4.2 芯片烟花

随着技术的发展，技术人员还在烟花弹中装入了计算机芯片。北京奥运会开幕式所用的烟花材料全部采用硝基化合物、多基化合物，这些可燃烧物质取代了硫磺，以铁钛合金等轻金属粒子、氧化铋氧化剂替代了镁、汞、铅等物质，燃放后产生的是二氧化碳、水蒸气等，体现了环保的理念。采用这一高新技术，可使烟花在规定的时间发射和爆炸，如图 9-3 所示。

图9-3 芯片烟花

9.4.3 无烟烟花

无烟烟花燃放时无烟雾产生且气味芳香，燃放后残留灰尘极少，并且安全性和稳定性好。湖南张佳贤制成了无烟烟花，他采用过期报废的枪、炮弹，用废单基药为主要原料，加入一定量的重铬酸铵和木炭，粉碎成 120 目细粉，混合制成 1~1.5mm 微粒状无烟发射药，其外观为黄灰色。所述无烟发射药的原料配比为：废单基药占无烟发射药总质量的 83%~87%，重铬酸铵占无烟发射药总质量的 15%~20%。

9.4.4 室内烟花

室内烟花一直都是研究的重要内容。室内烟花产品依靠自身药剂燃烧时产生的声、光、色、火花和分支火花，可以形成绚丽多彩的烟花效果及艺术造型，观赏效果极佳。燃放时无烟、无毒、无刺激性气味、无残渣，对人体无害，因此不会污染环境。生产和燃放时不产生爆炸，火花区不会引燃其他可燃物，因此其安全性极高。单个产品可根据需要灵活设定燃放时间，生产工艺简单。燃放时气氛热烈欢快，效果独特，可控性强，广泛适用于节日庆典、生日等各种聚会，可增加和烘托欢快的气氛，非常适合在家庭、酒吧、舞台等场所燃放。

冷光烟花也可作为室内烟花使用，但还是具有一定的危险性。现在的室内烟花通常采用喷花机进行。喷花机中没有任何火药，安全性、环保性都有保障。

花炮（图 9-4）不仅是一类产品，更代表了一种传统、一种情结。从中国四大发明之一的火药文明升华而来的烟花文化，是中华文化瑰宝中赏心悦目的宝藏。烟花文化始于华夏大地，传承千年，早已融入中华民族的日常生活，对世界也产生了深远的影响。烟花将视觉、听觉、文学、工艺美等多种文化

图9-4　花炮

艺术形式融合一体，互相映衬，是相得益彰的一门独特艺术。烟花通过艺术设计和精心制作，集声、光、色、形、运动于一身，从而使人得到美的享受，并给人带来心灵的震撼，使人拥有一种积极向上的力量。

图片来源

图 9-2　http://c.show160.com/content94.html

图 9-3　http://5b0988e595225.cdn.sohucs.com/images/20191002/29d64c9c3336491c9cb143822e1ac379.jpeg

图 9-4　http://www.chinafireworks.org.cn/article/detail_6981_13_20_4_31.html

10 时间的标本——胶片

诗情『化』意

摄影是技术与艺术的综合体，摄影者以摄影器械、摄影技巧艺术化地再现客观事实，将对真实生活的观照及自身的审美意识巧妙地融为一体，使观者从静态的事物、景观中走入亦真亦幻的视觉空间，与摄影者、摄影客体相交互，进而获得别样的审美与情感体验。

——刘秋实

胶片是当代艺术——摄影的载体。摄影是随着传统摄影技术的形成和发展而产生的一门应用学科，它以摄影光学、摄影化学和电子技术为基础，在长期的实践中形成了独特的拍摄体系。当代摄影已经由传统的胶片转化为数码，虽然数码拍摄已经是时代的潮流所向，但复古味十足的胶片依旧是“文艺青年”和一些专业人士无法舍弃的最爱。这不仅仅是所谓的胶片情怀作怪，还有胶片确实有它的独到之处，是目前数码技术无法超越的（图 10-1）。

图10-1 胶片

10.1 胶片成分及成像原理

摄影已有 100 多年的发展历史，而其魅力正在于它的真实，定格时间的瞬间，使其成为永恒，成为不可复制的经典。胶片作为摄影术定格时间的载体，不仅要了解其构成成分，还要了解其成像原理。

10.1.1 胶片的组成

感光乳剂和乳剂支持体是构成胶片的主要成分，而其中感光乳剂主要含有感光材料和明胶，如图 10-2 所示。根据感光材料的不同，可以将胶片分为银盐胶片和非银盐胶片。下面主要介绍使用最为广泛的银盐胶片的成分和性能。银盐胶片的感光材料为卤化银，颗粒状卤化银悬浮分散在明胶介质中形成感光乳剂。胶片的乳剂支持体（也称为片基）材料过去主要使用硝酸纤维素（易燃），后来改用三乙酸纤维素，现今还有涤纶片基。

10.1.2 卤化银的作用

卤化银是指卤族元素与银形成的化合物的总称，包括氟化银、氯化银、溴化银、碘化银等。卤化银是常用的感光材料，见光后分解得到黑色的银颗粒。这里主要讨论氯化银、溴化银和碘化银。白色的氯化银的感光长波长端约为 390nm，感光敏感度较弱；淡黄色的溴化银的感光长波长端为 480nm，感光敏感度较强；亮黄色的碘化银的感光性能极强，见光立即先变灰色，再变黑色。

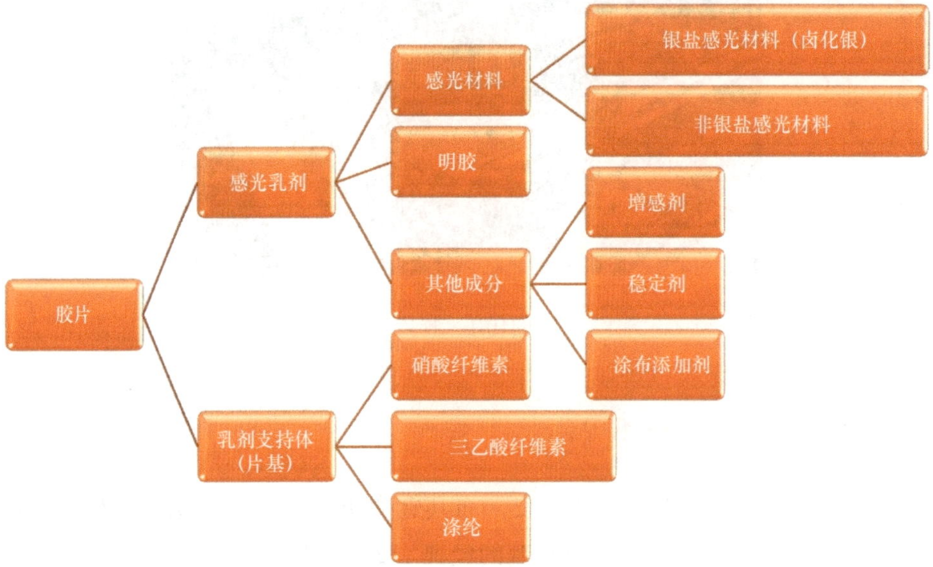

图10-2　胶片的主要成分

各种卤化银的感光敏感度不同，所以各自的使用范围有所不同。氯化银适用于低速正片乳剂，溴化银和少量碘化银适用于负片乳剂。

10.1.3　明胶的作用

明胶主要起三大作用：

（1）分散和悬浮卤化银，防止其沉积。乳剂能够在片基上涂敷成膜，形成厚薄均匀的乳剂层是因为明胶具有黏性，可使乳剂稳定地依附在片基上，不会脱落。明胶吸附于卤化银晶体表面，达到均匀分离晶体、防止聚集和沉积的作用，这是银盐感光材料可以形成清晰准确影像的重要原因。因此，感光性能会随着明胶浓度的改变而改变，如增加明胶的浓度可形成更细的卤化银颗粒，达到降低感光度和增加反差的效果。

（2）影响潜影和显影过程。卤化银的化学性质活泼，在感光后会立刻发生光化学反应，分解生成卤素原子（正空穴），它在晶体中存积过多，会增加卤素原子与电子复合成卤素离子的概率，从而抑制光分解，降低反应效率。

而明胶的化学惰性可将卤素原子包裹，对其自发还原产生阻力，使显影过程中的卤化银还原反应产生时间差，首先从感光强的部分开始，还原出图像。

（3）明胶中的增感和抑制物质能提高乳剂的感光度和抑制灰雾。明胶中的杂质按作用分类，可分为含硫增感剂（硫化物杂质）、还原增感剂（醛类和还原酮）和抑制剂（接近明胶分子量的含硫蛋白质）。

10.2 暗房技术

暗房技术主要是通过一定操作将胶卷的潜影显现出来，最终得到影像成品。黑白胶片和彩色胶片的冲洗有所不同，但原理大致相同。

10.2.1 黑白胶片

1. 潜影

感光片的乳剂层中包含具有感光作用的卤化银微小晶体，在光线照射下发生潜在的光化学变化，形成人的肉眼无法观察到的影像，称为潜影。关于潜影的学说较多，其中最为权威的是格尼 - 莫特（Gurney-Mott） 理论和米切尔（Mitchell）理论。

1）格尼 - 莫特理论

$$X^- + hv === X + e^-$$

卤离子　光量子　　正空穴　电子

光量子作用于卤化银，所产生的电子被感光中心捕获（电子过程）

$$e^- + Ag^+ \text{（晶格间隙）} \longrightarrow Ag$$

捕获了电子带有负电荷的感光中心吸引晶格间隙的银离子，生成中性的银原子（离子过程）。如此反复进行变成较大的银核，进而形成具有显影作用的潜影核。

由于卤化银吸收了光量子，释放出电子后的卤素（X）即从颗粒表面扩散出来，被明胶所吸收。

2）米切尔理论

$$AgX + hv === e^- \text{（导带电子）} + h^+ \text{（正空穴）}$$

卤化银感光后，电子与正空穴游动于晶体中，正空穴被晶体表面的扭折位（kink site）和位错的割阶位（jog site）中的卤素离子所捕获，把这部分银离子作为晶格间隙银离子驱出，保持电中性。

$$Ag + X^- + h^+ = Ag + X$$

$$X^- + Ag + X = X_2 + Ag^+ \text{（晶格间隙）}$$

在卤化银颗粒被硫增感时，也产生同样的变化。

$$Ag_2S \longrightarrow AgS + Ag^+ \text{（晶格间隙）}$$

电子与晶格间隙银离子在接近扭折位时，被吸附生成银原子。

$$e^- + Ag^+ \text{（晶格间隙）} \longrightarrow Ag$$

如此反复进行，产生了 Ag（前显影中心或初期显影中心）、Ag_2（亚显影中心）、Ag_3（非电荷潜影中心）、Ag_4（潜影）。

综合以上两种理论，可认为卤化银感光过程如下：胶片乳剂层中的卤化银微晶在光化学的作用下释放出电子，产生正空穴（卤素原子）。其电子被乳剂层中的感光中心捕获后，与卤化银晶格中的银离子相互电性中和，成为银粒子。在这个过程中，电子迁动和离子迁动是交替独立的重复。随着光分解反应进行，被还原的银原子增多，当银粒子的原子个数聚集到一定大小（3~6个银原子）时，就形成了显影中心，而许多个显影中心就构成了潜影。

2. 显影

1）基本原理

胶片显影就是利用显影剂将结构已发生变化的卤化银晶体转化为黑色金属银颗粒的聚结体，从而产生影像（负像）。

$$AgX + \text{显影剂} \xlongequal{h\nu} Ag\text{（影像）} + \text{显影剂氧化产物} + \text{氢卤酸（氧化还原反应）}$$

2）显影液

黑白胶片的显影液主要由显影剂、保护剂、促进剂、抑制剂组成。

（1）显影剂。常用的显影剂有米吐尔（软性显影剂）、对苯二酚、菲尼酮。

● 米吐尔：分子式为 $C_7H_9NO \cdot 1/2\ H_2SO_4$，学名为 *N*- 甲基 - 对氨基苯酚硫酸盐，是一种白色晶状粉末。其显影速度快，显色阴影层次较充分，但底片反差太小，影像平淡。

● 对苯二酚：又称为氢醌、几奴尼，分子式为 $C_6H_6O_2$，学名为对苯二酚，是一种见光变色、有特殊臭味、有毒的白色晶体。其显色速度较慢，底片反差较大，是应用最为广泛的显影剂，但受温度影响较大，溶液会产生灰雾。

● 菲尼酮：分子式为 $C_9H_{10}N_2O$，学名为 1- 苯基 -3- 吡唑烷酮，是一种白色针状结晶或结晶粉末。其显影效果与米吐尔接近，所以常用来代替米吐尔。用菲尼酮作显影剂时，也极易产生灰雾。

三种显色剂各有优劣，在日常使用中，通常将其中两种混合使用，以弥补彼此的不足。例如，对苯二酚和米吐尔的混合显影剂称为 M-Q 显影剂，对苯二酚和菲尼酮的混合显影剂称为 P-Q 显影剂，其比例不同，则显影剂的性能不同。其中，对苯二酚的显影原理为

$$\text{对苯二酚} + 2AgX = 2Ag + 2HX + \text{醌}$$

（2）保护剂。显影剂与氧气接触易被氧化，长时间接触会使其显影性能衰退直至消失。为了保护显影剂不被氧化，一层防止氧化的保护剂必不可少，常用作保护剂的有亚硫酸钠（Na_2SO_3），俗称硫氧。亚硫酸钠又分为无水亚硫酸钠和含结晶水的亚硫酸钠，其作用原理相同，但效果有所差异。无水亚硫酸钠（Na_2SO_3）纯度高，保存性能好，若用含结晶水的亚硫酸钠（$Na_2SO_3 \cdot nH_2O$），效果就大打折扣。亚硫酸钠的还原性较强，在显影液中优先与氧气反应，防止显影剂被氧化。亚硫酸钠能与醌反应并破坏它恢复成对苯二酚的能力，而且亚硫酸钠溶于水发生水解反应显碱性，可中和氢卤酸，所以对感光材料的银盐分解具有一定促进作用，能使被还原的银粒更加细小，使影像层次更为丰富。

（3）促进剂。大多数显影剂在碱性溶液中才能发挥最好的显影效果，通过加入碱性化学物质，增强显影剂的显影能力。常用的促进剂有硼砂、碳酸钠、苛性碱。

● 硼砂（$Na_2B_4O_7$）：又称为四硼酸钠，其碱性主要依靠弱酸根的水解反应（$B_4O_7^{2-} + 7H_2O = 4H_3BO_3 + 2OH^-$），所以碱性较弱，显影速度缓慢，也使其底片显现的银颗粒特别细腻。

● 碳酸钠（Na_2CO_3）：又称为苏打，其水溶液显碱性原理与硼砂类似，水解反应为 $CO_3^{2-} + H_2O = HCO_3^- + OH^-$，其显影速度较快，而银粒较细，影像反差适中。

● 苛性碱（NaOH、KOH）：NaOH 又称为火碱、烧碱，苛性碱属于强碱，可直接电离产生 OH^-，所以显影速度极快，但是银粒比较粗糙，通常与抑制剂配合使用。

（4）抑制剂。在显影过程中，部分未曝光的卤化银被还原成银粒，形成“灰雾”，造成影像模糊不清。为了防止灰雾的产生，常加入溴化钾作为抑制剂。

显影是摄影的第二次创作，也是胶片体现出自身价值的重要环节。在暗房中的安全性红灯下看着影像在显影剂中慢慢浮现，那种激动和兴奋的心情也是众多摄影家坚持使用胶片的原因之一。

3. 定影

胶片上那些没有感光的，也就是没有发生结构变化的晶体被一种称为定影剂的化学物质洗去，使这些部分呈现浅灰或透明。

$$AgX + \text{定影剂} = \text{无色可溶性银}$$

结果是负像上黑暗（厚的）部分就是曝光较多部分；明亮（薄的）部分就是曝光较少部分；全透明部分就是没有受到光照射的部分。这就是黑白胶片记录影像的基本过程。

10.2.2 彩色胶片

1. 潜影

彩色胶片潜影与黑白胶片类似，只是其胶片增添三层感光膜，每层感光膜附加不同的产色剂。

2. 显影

彩色显影是在黑白显影原理的基础上，使显影剂氧化物与产色剂进行缩合反应，生成相应染料，从而显色。显影反应如下：

$$\text{显影剂氧化物} + \text{产色剂} + AgX \xlongequal{h\nu} Ag\text{（影像）} + \text{染料} + \text{氢卤酸}\text{（氧化还原反应）}$$

3. 定影

与染料即彩色影像同时生成的银像可通过对染料不起作用的漂白溶液（常

用赤血盐）处理除去，为了加速漂白过程的进行可加入溴化钾，反应如下：

$$4Ag + 4K_3Fe(CN)_6 = Ag_4Fe(CN)_6 + 3K_4Fe(CN)_6$$

$$Ag_4Fe(CN)_6 + 4KBr = 4AgBr + K_4Fe(CN)_6$$

未经曝光的卤化银（多为溴化银）用硫代硫酸钠溶液除去，反应如下：

$$AgBr + Na_2S_2O_3 = NaAgS_2O_3 + NaBr$$

但 $NaAgS_2O_3$ 不易溶于水，需加入过量硫代硫酸钠使其生成可溶性盐，反应如下：

$$Na_2S_2O_3 + NaAgS_2O_3 = Na_3[Ag(S_2O_3)_2]$$

最终，遗留在片基上的染料呈现出原物体的颜色。

10.3 早期的摄影技术

17 世纪，西方的艺术家经常携带一些较小的暗箱，作为画画的辅助工具。暗箱的上方安有反光镜和镜片，可以将影像直接描在纸上，这便于他们准确地描绘风景、建筑的透视和比例。人们发现某些物质在阳光的暴晒下会出现变黑或褪色现象，于是将暗箱和感光材料结合，逐步发展变更，最终发展成就了摄影术的发明。

10.3.1 日光蚀刻摄影法

尼埃普斯（1765—1833）是世界上第一个成功拍摄照片的摄影者，他把用日光将影像永久记录在玻璃板和金属板上的摄影法称为日光蚀刻摄影法。尼埃普斯尝试将暗箱中的影像直接通过涂有化学药剂的石板记录下来，并且希望将这种方式记录下来的影像通过平版印刷术印刷出来。为达到这一目的，他将一种油溶的白沥青涂在金属板上，经过长时间的阳光暴晒，部分沥青硬化，然后用薰衣草油洗去未硬化的白沥青，从而得到与原物相似的正像。再利用印刷术，就可以得到正像相片，如图 10-3 所示。

日光蚀刻摄影法采用物理方法定影像，其光敏度很低，所以并没有应用在摄影上。

图10-3 1825年尼埃普斯拍摄的第一幅照片《牵马的孩子》

10.3.2 银版摄影法

1839年，法国人达盖尔（Daguerre）公布了他发明的银版摄影法，也称为银版法，这标志着世界摄影术的诞生。达盖尔早期用大幅的风景画片配以特别的灯光效果，使观众通过一个小孔看到其他地方的风景，这就是风靡一时的“西洋镜”。后来他将银化合物和所用供“西洋镜”的暗箱结合，尝试用这种化学方法记录镜像（图10-4）。

这种方法以铜板为片基，将银镀在铜板上，再置于装有碘溶液的箱子中，使铜板镀上碘化银。此时的铜板已经光敏化，将其放入暗箱中，曝光一段时间后，将其置于汞蒸气中进行显影，然后用海波溶液将未曝光的银盐洗去，最终得到照片。银版法的发明是摄影术的开端，但银版法所拍摄的照片不能复制，支持体不透光，粗糙笨重，不好保存。

10.3.3 卡罗斯摄影法

英国业余科学家塔尔博特将蘸有氯化银的写字纸晾干后，盖上树叶放在阳光下暴晒，发现未被树叶遮盖的银盐变成了黑色。他以此为灵感，想到两个改进方案：将变黑的氯化银浸在浓盐水中，防止其进一步黑化，此方法得到的是负像（黑色部分为光线强的影像，白色为光线弱的影像）；如果将其

图10-4 达盖尔拍摄的《画室》

世界上现存最早的“达盖尔银版法”照片，也是世界上第一幅静物照片

印在另一张感光纸上，就可以得到与正常景象同步的影像。

1835 年，塔尔博特根据以上两个改进方法研制出了第一张相纸负像，用来印制正像，他的由负像到正像的发明为现代负片工艺开创了新起点（图 10-5）。

图10-5 1826年塔尔博特拍摄的《窗口》

纸基负片大小为25mm×25mm，是现存最早的负片

在达盖尔的银版法公布后，塔尔博特担心他们所用的方法是一样的，所以就将其方法也公之于众，最后得到了赫谢尔爵士的建议，并且提出了“正片”“负片”“摄影”这些名词。

10.3.4　湿版摄影法

19 世纪，人们想得到既具有达盖尔的银版法优点——得到清晰照片，又想得到卡罗斯摄影法的负片、正片，于是提出了将玻璃作为片基制作透明底片的方法，将以上两者的优点结合起来，称为湿版摄影法，也称为湿版法。但怎样将感光材料黏合在玻璃片基上成了人们所探索的问题。最初使用的蛋清黏合剂易变干变黄，并不适用于摄影。

1851 年，英国雕塑家阿彻尔发现火棉胶（将硝化棉溶于乙醇和乙醚制得）可以将感光材料很好地黏合在玻璃片基上，经过定影、显影制得玻璃底片。由于火棉胶必须现配现用，干了之后就不能感光了，所以这种摄影法被命名为“湿版摄影法”。

湿版法的优点是光敏度高、感光快、成本低、影像清晰度高，而且玻璃底片可以大量印刷照片，但准备工作太烦琐。

10.3.5　干版摄影法

湿版法的发明使摄影术得到了极大的发展，但湿版制作烦琐，且必须现配现用，使用时必须带上一系列药品和帐篷暗室。因此，人们期望能用一种干的涂布材料代替火棉胶，使其能随身携带使用。

1868 年，哈里森提出使用明胶代替火棉胶作为感光材料的乳剂。他将溴化银溶入明胶中，制得感光乳剂，并趁热涂在玻璃上，当明胶干后，其感光性能并不会降低，这种方法就是干版法。这种方法制得的干版所拍摄的影像质量好，性能稳定，感光度强，极大地改善了湿版法的弊端，使外出拍摄更加方便。

10.3.6 胶片的诞生

随着社会的发展，人们不断对摄影术进行改良，使其携带更为便捷，成像更为清晰。1888 年，伊士曼干版公司（后称柯达公司）利用涂布机将感光材料涂在透明的软片片基上，自此胶片诞生，照相底片以干版统一天下的格局被打破，摄影术进入了一个新的时代。

胶片的诞生，使影像变得更加真实、清晰，也使摄影术传播更为广泛。

10.4 摄影的发展

随着信息时代的来临，传统胶片摄影和暗房技术逐步被数码技术所取代。

数码摄影主要依靠数码感光器（CCD 和 CMOS），它们将影像的光信号转变为电磁信号，并加以储存。数码喷墨打印技术的推广也使传统的“洗照片”转变为“印照片”。

数码成像技术的使用不仅体现在数码相机中，更是与各种电子产品，如手机、笔记本电脑等紧密结合，使摄影这一具有艺术性的技术伴随着大众生活的方方面面。同时，数码摄影的后期制作也赋予了摄影不一样的内涵。数码摄影必将占据时代的主导地位。

数码时代的来临使胶片市场受到极大冲击，但在许多摄影家心目中，胶片和暗房始终如圣地般存在。与数码摄影相比，传统的胶片摄影需要烦琐的暗房技术，但其中伴随着各种人为的因素和情感。虽然胶片时代已经没落，但那些通过双手洗印的传统摄影作品始终是令人难忘的经典。

图片来源

图 10-1 https://www.hippopx.com/zh/search?q=%E8%83%B6%E7%89%87&page=3

图 10-3 https://ss0.bdstatic.com/70cFuHSh_Q1YnxGkpoWK1HF6hhy/it/u=2569632155，41195-36709 & fm =26&gp=0.jpg

图 10-4 https://gimg2.baidu.com/image_search/src=http%3A%2F%2Ftc.sinaimg. cn%2Fmaxwidth.800%2Ftc.service.weibo.com%2Ftimg01_bdimg_com%2F89e7ddd35629b058d29c30178 e7bb99f.jpg&refer=http%3A%2F%2Ftc.sinaimg.cn&app=2002&size=f9999，10000&q=a80&n=0&g=0n&fmt=jpeg?sec=1616986342&t=c0c3fe5fccec5cc37dee958296a7406

图 10-5 https://ss1.bdstatic.com/70cFuXSh_Q1YnxGkpoWK1HF6hhy/it/u=1449473332，23918-20015&fm =15&gp=0.jpg

11 实用的艺术——建筑

诗情『化』意

中华民族有着悠久的历史文化，而古建筑作为传统文化体系中的重要组成部分，有着极高的历史文化价值，等待着人们去研究。古建筑作为人类社会发展过程中的宝贵遗产，不仅能够充分展现出不同国家和民族的历史文化底蕴，还在美学、艺术、建筑以及科技等领域具有突出价值。

——石冉冉

11.1 什么是建筑

建筑紧跟社会发展的速度，通过已有的技术将泥土、石材、木材、砖瓦等建筑材料组合，构建成提供给人类居住的空间。常见的建筑有住宅、寺庙、体育场、桥梁、厂房等。

11.2 建筑史

建筑史的内容丰富，一般将其分为两层：第一层是研究建筑物的历史；第二层更为深入，研究的是建筑历史。这两层统称为建筑史。当人类文明开始出现后，人们对人造环境的要求不断提高和演变，在人类的文明史中详细记载着建筑对历史的影响，一个国家的文明和它的建筑有着千丝万缕的联系。本章主要以建筑风格演变学为对象对建筑史进行分析和研究。

中华文明上下几千年，中国的古代建筑也在历史长河经历了更替。各个时代风格各异的建筑不仅对我国现代建筑的设计有着重要的借鉴意义，甚至产生了世界级的影响，成为重要的文化遗产。部分中国的古代建筑见表 11-1 和图 11-1。

表 11-1　中国建筑史（部分）

朝代	年代	建筑特点	代表建筑或遗址	备注
新石器时代	距今 9000~4000 年	干栏式建筑	浙江余姚河姆渡遗址	长江下游地区的新石器文化
		木骨泥墙	陕西西安半坡遗址，陕西临潼姜寨遗址	二者均属于仰韶文化遗址
商	约公元前 1600~前 1046 年	典型的三重城垣结构	郑州商城遗址	出土大量青铜器
		夏商时期规模最大、出土遗存最丰富的城邑遗址	湖北黄陂盘龙城遗址	
		自成一体的封闭式建筑	河南偃师尸乡沟早商遗址	
		建于长方形土台上，具庭院雏形	殷墟，晚商都城遗址	
西周	公元前 1046~前 771 年	中国第一座四合院	陕西岐山凤雏村西周遗址	突出贡献是瓦的发明
春秋	公元前 770 年 ~ 前 476 年	以石筑见称	战国秦长城	始修长城

图11-1　中式建筑

11.3 建筑中的化学

人类生活的各个方面、社会发展的各种需要都与化学息息相关，建筑也离不开化学。建筑学是一门艺术与技术相结合的学科，化学是在原子、分子层次上研究物质性质、组成、结构和变化规律的学科，表面上两者相差甚远，那究竟有什么关系呢？

11.3.1 混凝土

混凝土还有另一个名字“砼(tóng)”，它是复合材料，主要成分包括胶凝材料、骨料、胶（图 11-2）。

图11-2 混凝土

水泥、石灰和石膏这一类无机的胶凝材料有一个特点，它们在水中能够快速混合溶解，然后通过一定的物理、化学方法将其硬化，从而提高建材的硬度，以达到强度要求。一般情况下，日常使用的自来水、饮用水都可以用于溶解无机的胶凝材料。需要注意的是，水中的一些杂质很可能对混凝土产生巨大的副作用，所以在混合时会用到骨料，它可以改良混凝土的容重、强度和变形等性质。

1. 原料：石膏

石膏是沉积岩的一种，其中含量最多的化学成分是 $CaSO_4$。大部分沉积岩都是在地表以下 800~1500m 的位置，其密度为 2.2~2.4g/cm^3，很难溶于水。天然的硬石膏就是无水石膏，它最主要的成分也是 $CaSO_4$，其密度为 2.9~3.1g/cm^3。由于它的结构稳定性较强，所以化学性质并不活泼。

建筑石膏是非天然的石膏，它主要是生产过程中生成的副产物，含有 $CaSO_4 \cdot 2H_2O$ 或 $CaSO_4 \cdot 0.5H_2O$，见图 11-3。

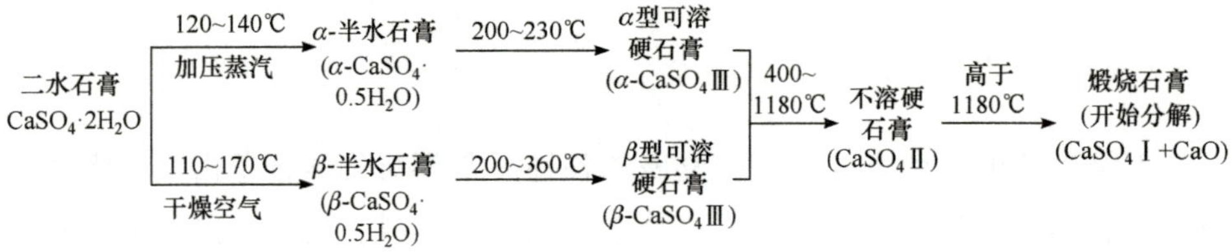

图11-3　建筑石膏的生产工艺

2. 原料：石灰

石灰大多是从工业生产得到的副产品中提取的。例如，在制取乙炔的过程中会发生反应：

$$CaC_2 + 2H_2O = C_2H_2\uparrow + Ca(OH)_2$$

就能得到目标产物乙炔和副产物氢氧化钙。

将含碳酸钙的岩石进行高温煅烧，除去生成的二氧化碳，剩下的生成物就是石灰。此外，对生石灰进行一定的处理，还可以得到其他化工原料，包括生石灰粉、消石灰粉、石灰膏。

煅烧石灰时一定要选择合适的温度并且保证足够的燃烧时间，石灰石基本上是600℃左右开始分解，温度越高，分解速度越快；一旦温度高于900℃时，CO_2 分压接近 1×10^5Pa，这时分解速度基本上已经达到最大值，因此将这个温度对应的分解速度设为 $CaCO_3$ 的分解速度。综上所述，设定的石灰石的分解温度需合适，不能太低但也无须过高，比较理想的温度范围为1000~1200℃。

3. 原料：硅酸盐水泥

水泥和水的混合过程无化学变化，是物理过程，进行的是可塑性浆体的硬化，最终可以得到高硬度、高强度的建材。

硅酸盐水泥的生产工艺简称为“二磨一烧”，具体生产流程见图 11-4。石灰石原料的用途是提供 CaO，黏土原料的用途是提供 Al_2O_3 和 Fe_2O_3。铁矿石作为辅助原料中的校正原料，其用途是提供铁元素。

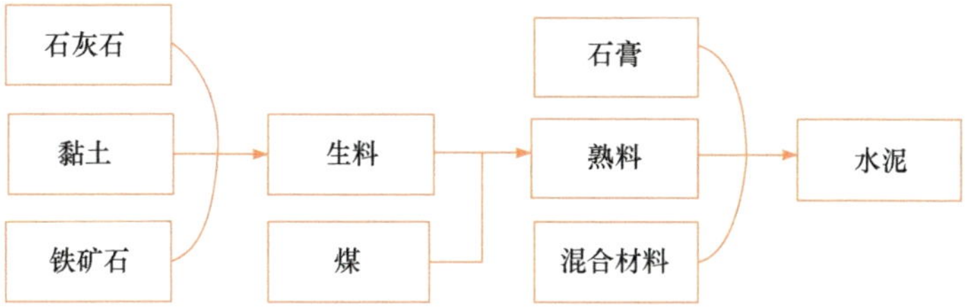

图11-4　硅酸盐水泥的生产流程

11.3.2　沥青

沥青属于混合物，颜色为黑褐色，主要成分为各种碳氢化合物和非金属衍生物。沥青的黏度非常大，多为液体或半固体的石油形态，表层的颜色为黑色，能够溶于二硫化碳。在土木行业，沥青是一种相当重要的建材，它具有优良的防水和防腐的作用，因此得到了广泛的使用，可以用于屋面、地面及地下结构的防水，也可以用于木材、钢材的防腐。此外，它在道路工程中也有重要的作用，作为胶结材料能够与矿质材料以不同的比例进行混合，得到不同性能的建材，广泛用于高速公路上的沥青道路。

沥青的制备方法如下（图 11-5）：

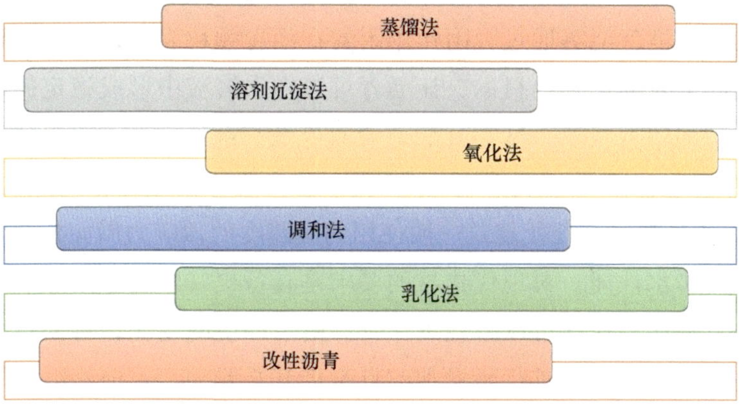

图11-5　沥青的制备方法

（1）蒸馏法：对天然石油进行常压蒸馏，得到汽油、煤油及柴油等各种馏分，再进行减压蒸馏，把留下的残渣收集起来进行检验，如果达到沥青的生产标准，就能够作为生产沥青的材料，所以沥青也可以称为直馏沥青。

（2）溶剂沉淀法：减压渣油的各组分在非极性的烷烃溶剂中的溶解度不尽相同，所以利用其溶解度的差异就可以进行高效分离。如果减压蒸馏得到的残渣中存在对沥青的性能有负面影响的杂质，就需要对杂质进行处理，处理的方法就是溶剂沉淀法。

（3）氧化法：石油残渣在高温或减压的条件下与空气发生反应，进行性能的改良，得到的产物称为氧化沥青。这个过程中涉及的化学变化相当多、相当复杂，包括脱氢、氧化、聚合、缩合等，不再是单一的氧化还原反应。可以把这样的操作方法称为氧化法或空气吹制法。

（4）调和法：对沥青中的四种重要组分按照一定的比例进行调和，调和得到的产物称为合成沥青，也就是重构沥青。在科学技术高速发展的时代，沥青的组成也不断得到拓展。现在已经拥有的新技术就是可以将各种原油的残渣及其废料进行调和，从而减少对石油的使用。由于石油的紧缺，传统的生产沥青的方法逐渐被调和法替代，它表现出的灵活性、经济性让其在沥青的生产工艺中逐渐得到重视。

（5）乳化法：沥青和水之间的表面张力相差很大，它们在高温的条件下也不能混溶。如果对沥青进行高速离心、重击等强力的作用，让它转变为直径范围为 0.1~5μm 的小颗粒，并且将小颗粒转移到含有表面活性剂的水中，则水中的乳化剂就能够通过吸附作用附着在沥青颗粒表面，从而达到降低沥青和水之间的表面张力的目的，让沥青可以在水溶液中形成稳定的体系，最终得到水包油的乳状液。这类分散系的颜色是茶褐色，沥青作为分散相，水作为分散剂，在正常的温度下流动性较好。换种说法，就是用水来乳化沥青。

（6）改性沥青：现代建筑一般使用的大跨度的预应力屋面板，要求屋面具备较强的防水性能。对现代建材的要求是具备更好的耐寒耐热、耐久性，有较强的自粘性，这样可以减轻工作量。由于环境的变化，对沥青的要求也越来越高，对石油沥青进行研发和改良是极其必要的。目前，已经研发出了各种改性沥青，对施工有一定的积极作用。

举个例子

国内超级沥青研发成果

2014年5月25日，中国军队首次在郑民高速公路上进行第三代战机飞机跑道试飞。《扬子晚报》军事专家孙小伟解读说，可供飞机起降的高速公路跑道要求非常严格，与一般高速公路铺设的标准不一样。其中一个关键点是这条高速公路的“材质”，郑民高速公路的最上面铺了一层特殊的改性沥青混凝土。记者从东南大学采访获悉，这种耐300℃高温、−30℃低温的“超级沥青”是由东南大学联合句容宁武科技开发有限公司研制的。

11.3.3 建筑塑料

高分子化合物也称聚合物、高聚物，分子量都很大。常见的高分子化合物有塑料、橡胶以及纤维等。

塑料的分类有多种，根据组成进行分类，可以分为单组分塑料、多组分塑料。单组分塑料的成分只有合成树脂，如有机玻璃实际上就是由聚甲基丙烯酸甲酯这种合成树脂组成的。多组分塑料不仅含有合成树脂，还包含各种添加剂，如填充料、增塑剂、固化剂和稳定剂等。建筑装饰用到的材料基本上是多组分塑料。

（1）树脂：塑料最基本的成分就是树脂，它所占的比例高达30%~70%，在单组分塑料中树脂所占的比例几乎为100%。树脂的主要作用为胶结，也就是把填充物和其他成分胶结为一体。总之，树脂对塑料的性能有相当重要的影响。

（2）填充料：也可以称为填充剂、填料，它的作用是改良塑料的强度、硬度及耐热性等性质。填料所占组成材料的比例高达40%~70%。经常使用的填料包括木粉、滑石粉、硅藻土、铝粉、云母、二硫化钼、石棉及玻璃纤维等。

（3）增塑剂：增塑剂的作用是增强塑料的可塑性、柔韧度及弹性等性能，一般是在加工处理的过程中进行添加。增塑剂一般是液态或固态有机化合物，它的特点是不易挥发、分子量较小。

（4）固化剂：也可以称为硬化剂、熟化剂，它的作用是对合成树脂进行线型结构的交联，以达到提高热固性的目的。固化剂的使用类型由树脂类型决定。

（5）稳定剂：很多塑料制品在进行成型的加工环节中，因为受到温度、光线、空气的影响，可能会提前进行降解、氧化断链以及交联等，从而导致塑料的性能变差。为了让塑料制品的质量得到保障，一般都会向塑料制品中加入各种稳定剂，如氧化剂、光屏蔽剂和热稳定剂等。

（6）着色剂：着色剂的作用是让塑料制品有一定的颜色和光泽。根据着色剂在着色介质中的溶解性不同，可以将其分为两类：染料、颜料。染料都是有机物，一般能够溶解在上了色的树脂中；颜料基本上是无机物，不能溶解在着色介质中，它的着色性是由于自身高分散性的颗粒分散在被染介质中，其折射率非常大，所以会吸收一些光，并且反射剩下的光，从而形成了视觉上的颜色效果。颜料拥有的性能包括着色性、填料及稳定剂的作用。

除此之外，按照建筑塑料的使用需要，根据情况还会加入润滑剂、抗静电剂、发泡剂和防霉剂。当然，还有很多其他装饰材料，由于各自性能的不同，它们对建筑都有着特别的作用。在科技高速发展的时代，建筑业会使用越来越多的新型、环保的建材。

11.3.4 绿色建材

1. 玻璃自己“洗脸”

人们已成功通过纳米技术研发出了一种“自净玻璃”。它和普通玻璃最大的区别是玻璃外面有一层只有 40nm 厚的二氧化钛，厚度约为头发丝粗细的 1/1500。这种玻璃表面的纳米膜可以和紫外线发生化学反应，具有两个作用：第一个作用是催化作用，能够让远紫外线分解玻璃表面的有机物；第二个作用是玻璃的表面是亲水的，可以把周围的雨滴、雾气收集起来在玻璃表面形成薄层，起到湿润、清洗的作用。

2. 新型人造麦秸板

筛选出优质的天然麦草，将其作为原材料，再加入异氰酸酯黏合剂，从而得到高强度、美观的环境友好型板材——新型人造麦秸板。新型人造麦秸板的生产工艺区别于传统的工艺，其板材的强度、稳定性及握钉力等性能均高于天然麦秸板。

3. 天然硅藻泥

天然硅藻泥的作用是调节空气湿度、净化空气。新型的环境友好型硅藻泥是由硅藻土制备而成的。硅藻泥的质感是自然的、朴素的，它的成分是纯天然的材料，没有任何对身体有害的化学物质，通过吸收有害气体从而使空气得到净化。硅藻泥让人类的居住环境更加健康。

4. 环保地材

植草路面砖属于多孔铺路产品，主要的生产原料是高密度聚乙烯。环保地材的作用是减少暴雨、地表水的污染，还可以排走地面水，一般用在公共设施的建筑工程中。

11.3.5 绿色建筑

1. 世博中国馆

2010 年上海世博会中国国家馆的造型是斗拱形，被称为“东方之冠”（图 11-6）。在炎热的夏季，最上层的建筑能够为底层的建筑遮阳，从而达到降低温度的目的。世博中国馆还结合生态农业的景观技术隔热，让建筑造成的能量损耗减少了至少 1/4。世博中心的设计原则为“3R”，增强建筑围护结构的保温作用，尽可能减少热量的损失。此外，还使用了自遮阳、太阳能采集、雨水收集等各种环保技术。

2. 德州太阳谷微排大厦

德州太阳谷微排大厦是世界上最大的太阳能建筑，大厦建筑占地面积高达 75000m^2，全世界第一个实现了太阳能热水供应、采暖、制冷及光伏并网发电等技术与建筑的完美结合，其节能效率高达 88%，节约的煤量为 2640t/a，节电 660 万 kW · a，污染物排放量每年减少了 8672.4t。

图11-6 世博中国馆

3. 清华大学节能楼

中国第一座能耗超低建筑位于清华大学的校园东区（图 11-7）。该建筑利用了近百项全世界最先进的建筑节能技术，仅两面墙就用了七种不同的节能系统，任何组成部分都可以随时拆换。

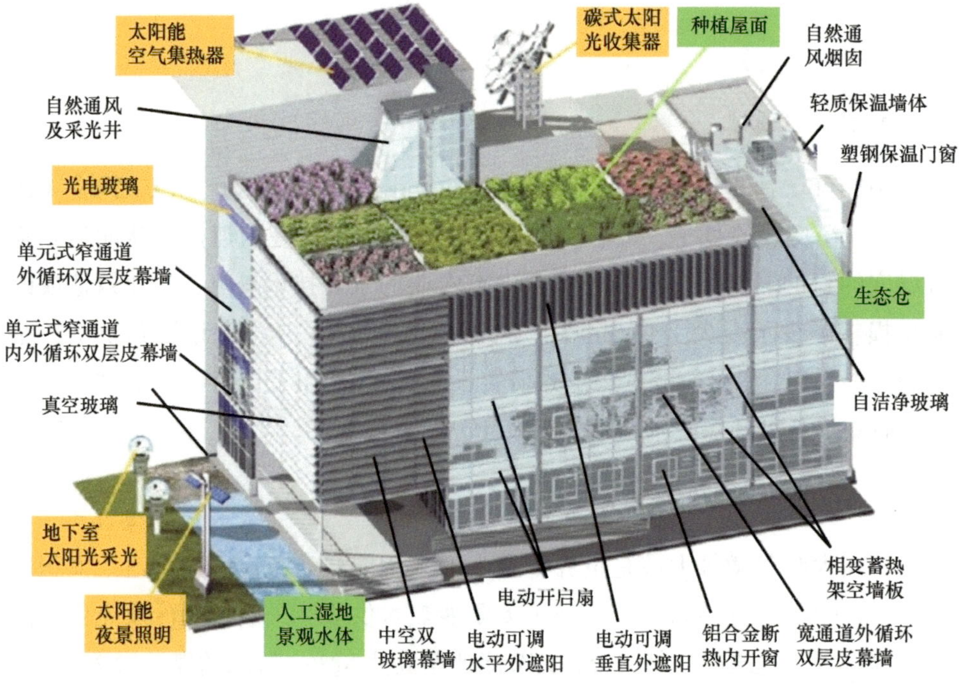

图11-7 中意清华环境节能楼

11.4 酸雨对建筑的危害及防治

11.4.1 酸雨的形成

酸雨是指 $pH < 5.6$ 的雨、雪以及其他形式的降水。雨、雪在形成及降落时会溶解和吸收二氧化硫、氮氧化合物等酸性氧化物，从而形成了酸雨。酸雨的形成是由于向大气中排放了大量酸性物质。我国的酸雨基本上是由于大量燃烧含硫量高的煤形成的，一般都是硫酸型酸雨。此外，机动车排放的尾气也是形成酸雨的一大原因。我国的很多地区已成为酸雨多发区，酸雨已经受到人们的密切关注。

（1）酸雨多成于化石燃料的燃烧。

酸雨的工业排放源如下：

- 含有硫的煤燃烧生成二氧化硫。
- 二氧化硫和水作用生成亚硫酸。
- 亚硫酸在空气中氧化成硫酸。

$S+O_2=SO_2$

$SO_2+H_2O=H_2SO_3$

$2H_2SO_3+O_2=2H_2SO_4$

（2）氮氧化物溶于水形成酸。

雷雨闪电时，大气中常有少量的二氧化氮产生。

- 闪电时，氮气与氧气化合生成一氧化氮。其反应如下：

$$N_2 + O_2 = 2NO$$

- 一氧化氮结构不稳定，在空气中氧化成二氧化氮。其反应如下：

$$2NO + O_2 = 2NO_2$$

- 二氧化氮和水作用生成硝酸。其反应如下：

$$3NO_2 + H_2O = 2HNO_3 + NO$$

（3）酸雨与大理石反应。

$$CaCO_3 + H_2SO_4 = CaSO_4 + H_2O + CO_2\uparrow$$

$$CaSO_3 + SO_2 + H_2O = Ca(HSO_3)_2$$

（4）还有其他酸性气体溶于水导致酸雨，如氟化氢、氟气、氯气、硫化氢等。

11.4.2 酸雨对建筑的影响

酸雨能使非金属建筑材料的表面硬化，水泥溶解，从而出现空洞和裂缝，导致建筑的强度降低，使建筑物受到不同程度的损坏（图 11-8）。

1908年　　1969年

图11-8　酸雨对建筑的影响

砂浆墙面在经历酸雨侵蚀后会出现白霜，白霜的成分就是石膏（硫酸钙）。

酸雨侵蚀后的建筑材料会变脏、变黑，影响市容市貌，称为“黑壳”效应。重庆的“黑壳”效应就十分明显。

11.4.3 酸雨的防治

（1）开发新能源，如氢能、太阳能、水能、潮汐能、地热能等。

（2）使用燃煤脱硫技术，减少二氧化硫排放。

（3）工业生产排放气体处理后再排放。

（4）少开车，多乘坐公共交通工具出行。

（5）使用天然气等较清洁能源，少用煤。

11.5 建筑中的艺术

建筑是人类创造的最伟大的奇迹和最古老的艺术之一。从埃及的金字塔、罗马的斗兽场到中国的古长城，从雄伟宏阔的故宫、神圣庄严的天坛、诗情画意的苏州园林、清幽别致的峨眉山伏虎寺到端庄高雅的希腊神庙、威慑压抑的哥特式教堂、富丽堂皇的凡尔赛宫、冷峻刻板的摩天大楼，无不闪耀着人类智慧的光芒。

建筑起源于人类劳动实践和日常生活遮风雨、避群害的实用目的，是人类抵抗自然力的第一道屏障。作为人类重要的物质文化形式之一，车尔尼雪夫斯基一针见血地指出，“建筑作为一种艺术，比其他各种实际活动更专一无二地服务从美感要求”。而建筑艺术的审美特征主要是技术与艺术相结合、实用与审美相统一，建筑空间与实体的对立统一，静态的、固定的、表现性的、综合性的实用造型艺术，内容表现的正面性、抽象性和象征性，建筑与环境的协调等。建筑艺术与其他造型艺术一样，它主要通过视觉给人以美的感受。同时，建筑艺术是一种立体艺术形式，故建筑艺术形象具有特殊的反映社会生活、精神面貌和经济基础的功能。历代建筑艺术与它所处的历史时代、地理气候、民族文化和生活习俗密切相关，同时受到材料、结构、施工技术的制约。中国建筑体系是以木结构为特色的独立的建筑，在城市规划、建筑组群、单体建筑以及材料、结构等方面的艺术处理均取得了辉煌的成就。尤其是近现代中国建筑艺术，在继承优秀传统和吸收当今世界建筑艺术长处的实践中不断发展，有所创新。

化学正在潜移默化地改变和促进建筑业。展望未来，化学将在建筑中带来更多的奇迹！

图片来源

图 11-6　陈建为 . 中国建筑设计作品年鉴 . 江苏凤凰科学技术出版社，2016：220.
图 11-7　郜皓 . 高校绿色校园建设问题研究 [D]. 长春：东北师范大学，2014.

12 悠久的初心——扎染

诗情『化』意

红缕葳蕤紫茸软，
蝶飞参差花宛转。
一梭声尽重一梭，
玉腕不停罗袖卷。

——王建《织锦曲》（节选）

12.1 什么是扎染

扎染在我国古代被称为扎缬、绞缬、染缬等，是一种中国民间传统且富有特色的染色工艺。扎染是依据设计者绘制的图形，以绳、线用不同的方法捆绑织物，然后将其放进染液之中，由于染料无法进入绑扎的地方，就会形成自然而特殊的图案[1]。

12.2 扎染的起源和发展

在我国，扎染艺术起源非常早，在秦汉时期开始出现，到魏晋、南北朝时期兴起，在唐代风行。由新疆吐鲁番阿斯塔那古墓群中出土的扎缬文物可知，扎缬艺术在南北朝就开始在人们的服饰中应用，这些扎缬制品非常精美[2]。

《二仪实录》中记载，“缬，秦汉间始有，不知何人造，陈梁间贵贱通服之。”陶潜在《搜神后记》中写道：“淮南陈氏，于田中种豆，忽见二女子，姿色甚美，着紫缬襦，青裙，天雨而衣不湿。其壁先挂一铜镜，镜中见二鹿，遂以刀斫获之，以为脯。”这些虽然只是一些神话传说，但由此可知扎染艺术受到了国人的喜爱，在民间的流传非常广泛。绞缬技艺历史久远，新疆发现了一种东晋绛地绞缬绢，这也是发现的最早的绞缬制品。南北朝时期，鱼子形状和梅花形状的花样在女性的服饰中已经大量出现，扎染技艺也变得更加成熟[2]。

唐朝时期，扎染技艺已经达到了一定的水平，人们在生活中开始普遍运用扎染制品，屏风、门帘、床单、男女服饰中均有所见。根据《唐史》记载：“妇人衣青碧缬，平头小花草履”，可以想象出当时女性的流行装束。青碧缬衣的基本样式还可以从出土的唐三彩文物中看到（图 12-1）。由此可见，扎染的染色技术在唐代获得了较大的发展。1969年，从唐永淳二年（公元 683 年）的一座古墓中出土了制作难度较高的绞缬文物，它是以淡黄色的绢重复折叠缀缝，再将其染成有色晕效果的棕色菱花满地纹样[2]。这种工艺非常复杂，由此也可说明唐朝的扎染技艺水平确实已经比较高超。

图12-1　唐三彩中的扎染图案

五代时期和唐代一样，扎染艺术非常兴盛。据陶谷《清异录》记载：“显德中创尊重缬，淡墨体，花深黄。二部郎陈昌达，好缘饰，家贫，货琴剑做缬帐一具。”表达的意思是一个穷困的读书人非常喜爱绞缬制品，为了买扎染帐子，不惜卖掉自己的琴与剑。这个故事说明扎染制品深受人们喜爱，在当时非常流行。

宋朝时期，人们花费了很多人力和物力制作更漂亮的扎染艺术品。其中有一种鹿胎缬的制作更是耗费财力，而北宋政府是提倡节约的，所以宋仁宗在景祐三年（公元 1036 年）下诏："在京士庶不得衣黑褐地白花衣服并蓝、黄、紫地撮晕花样，妇女不得将白色、褐色毛段并淡褐色匹帛制造衣服……"仅仅是一种平常使用的扎染面料，最后却由朝廷下诏禁止。由此可知扎染制品在宋代社会生活中已蔚然成风。

宋元时期，扎染技艺得到持续发展。元朝时期有一本书叫《碎金》，其中记录了许多种类的染缬技术名称：蜀缬、撮缬、茧儿缬、鹿胎缬、檀缬等。

织和印染在社会中普及度非常高，扎染艺术的发展情况见图 12-2。

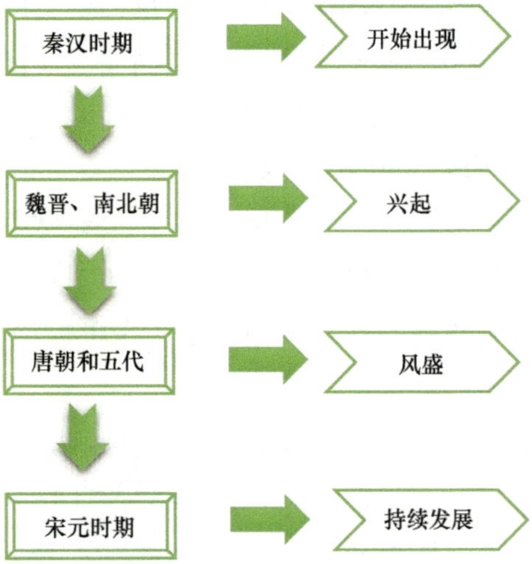

图12-2　扎染艺术发展情况

后来，由于战争、欧洲化学染料的传入等，扎染在沿海较发达地区已经比较少见，但是在某些偏远的地方保留下来，如贵州、四川自贡、云南大理等地。这些地方还存在保留较为完好的扎染技艺（图 12-3），其中云南大理的白族扎染与四川自贡的扎染比较有名。现在，云南大理白族扎染和四川自贡扎染均被文化部列为国家级非物质文化遗产。

目前云南大理的扎染工艺保存较完整，以白族扎染为主。大理白族扎染最主要的是生产旅游及出口产品，种类繁多，包括被套、窗帘、桌布、手巾、挎包、垫子等。在大理周城村有非常多的私人作坊和村办的民族扎染厂，它们之间既存在竞争关系，同时也相互补充，形成一种共同发展的趋势，周城村也变成非常出名的民族扎染之乡[2]。

图12-3　绘画作品中的扎染图案

四川自贡的扎染也是非常有名的。这种在古代被称为“蜀缬”的扎染工艺是天府之国的一朵工艺奇葩，“蜀缬”在唐代时期是一种给皇帝进贡的贡品。传统扎染主要色彩是蓝、白两种颜色，图案主要包括福禄寿喜、花鸟虫鱼等，非常重视构图的对称性。20 世纪 70 年代，自贡的一些民间艺术家通过精心钻研，将扎染技术进行了改进，使自贡扎染技术获得很大的提高，在颜色、选材、构图上都获得了较大的发展。目前自贡扎染厂为了把传统扎染艺术广泛传扬，将扎染制品注册为“蜀缬”牌，以此展示四川是古代“贡品官缬”的发源地[3]。

变色眼镜

云南白族扎染——幸运草

大理白族扎染是白族人民的传统民间工艺品，该产品集文化、艺术为一体，其花形图案由规则几何纹样组成，布局严谨饱满，多取材于动、植物形象和历代王公贵族的服饰图案，充满生活气息。

自贡扎染——天女散花

自贡扎染工艺性强，以针代笔，无一雷同，色彩斑斓，款式多样。近年研制的棉、麻、丝、缎等质地的多色套染，永隽雅秀、韵味天成。

12.3　扎染的艺术特征

扎染艺术在民间兴起，又逐渐在民间没落，因为其拥有独特的艺术魅力，延续到了科技发达的今天。扎染的创作素材非常广泛，其图案种类丰富，有虫鱼鸟兽、苍山绿林、江河湖海、神话人物、民族风情等，千姿百态。在

图12-4 扎染的艺术特征

浸染的时候，因为花纹边界浸染了蓝靛的溶液，所以图案出现了自然的晕纹，青中有翠，薄如云雾，若隐若现，别有韵味，给人以一种缥缈的美感(图12-4)。虽然现代纺织业的技艺越来越先进，但是扎染艺术依然具有无穷的魅力。因为扎染凝聚了人们的智慧和创造力。扎染具有独特而朴素的美，使人们体会到传统手工的艺术魅力。具体说来，扎染有以下几个艺术特征。

12.3.1 晕化

晕化是因为染色时捆绑的松紧程度有差异，织物渗入染料的量不同而出现的一种肌理效果。在扎染制品的边缘，色料吸收的数量不相同，这体现为轮廓线上的晕化效果。这样的晕化效果过渡十分自然，在呈现的效果上与水墨画有异曲同工之处。这种晕化效果给人以缥缈、梦幻的感觉，让人们体验到朦胧之美。在制作扎染制品的过程中，出现的晕化效果具有较大的偶然性，这与机械化生产的统一大不相同，正是这种偶然性让人感到缥缈多变之美。

12.3.2 褶皱

扎染是经过缝、折、捆、扎等各种手法制作而成，因此织物上会出现许多褶皱。染色时，织物有被染和不被染之处，染色程度不尽相同，其结果就是色彩绚丽，皱纹错综，别具特色。由于针法及折法不相同，因此出现的褶皱在织物上交相辉映，形成独具特色的纹理，平面织物的色彩变得非常有层次感。

12.3.3 浮雕感

扎染的浮雕感和褶皱是共同存在的，如果褶皱消失了，浮雕感也就不存在了。在制作扎染制品时，因为高温作用，某些点、面在拆线以后会依然隆起，在织物表面形成凹凸不平的褶皱，在平整的织物上好似特意雕刻的浮雕，使花纹充满立体感。这如浮雕一般隆起的花纹在不同光线照射下，色彩变化多样，美不胜收。

12.4 扎染工艺流程

扎染的工艺流程较多，主要包括：染前处理→纹样设计→制作型板→绘刷→扎结→染色→高温汽蒸→水洗→拆线→染后处理。扎染工具见图 12-5。

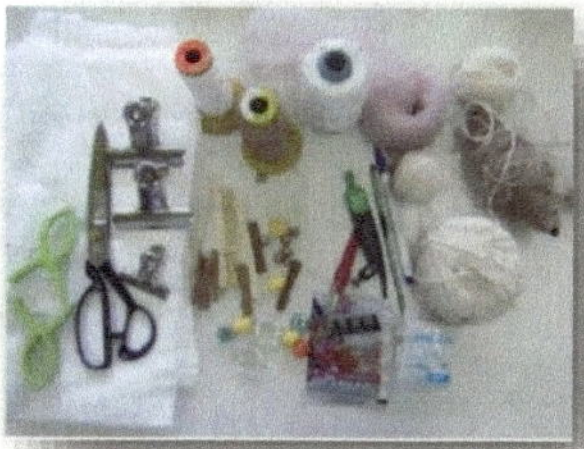

图12-5 扎染工具

（1）染前处理：首先除掉织物上的浆料、助剂和一些天然杂质，目的是防止染色时这些物质阻止染液渗透到纤维里面，从而影响色牢度及染色效果。为了获得预期的染色效果，要将面料做退浆处理。棉麻类的面料退浆，首先将水加热至75~85℃，然后加入一定量的纯碱或洗衣粉，搅拌使其溶解，再把面料全部浸入染液中，并持续搅动面料，煮10~30min后，将面料取出，用清水洗涤、晾干、熨平。丝织物的退浆方法相对来说比较简单，依次加入碳酸钠、肥皂液及水，然后搅拌均匀，进行水煮即可。

（2）纹样设计：扎染的纹样包括具象纹样和抽象纹样。具象纹样是在扎结之前先设计出样稿，再以线描的方式绘制出纹样外面的轮廓，然后用型板绘刷等过稿方法，将纹样转移到面料上[4]。抽象纹样一般只用线而不用针，常用于夹扎、捆扎、随意包扎等。由于制作者在制作时灵活运用各种技法，随意性较强，所以经常出现让人意想不到的效果。

（3）制作型板：在具象纹样中，在织物的上面扎结相同图案或同一图案散点排列，都必须制作型板[5]。具体方法为：首先把绘制好的线稿固定在塑料胶片上，再根据纹样的轮廓顺序用锥子依次打孔。

（4）绘刷：首先把织物熨平，然后把型板固定在织物上面，再用沾了青花液的板刷在型板上刷绘，青花液从型板上的孔漏出，将纹样刷印到织物上，最后根据织物上的图案扎缝。

（5）扎结：扎结时的松紧程度会对染色后的效果产生直接影响，所以这个过程是非常重要的。如果扎结过松，可能会造成染液渗透太多使花纹显示不出来；如果扎结过紧，花纹可能会显得非常呆板。因此，要考虑花形的大小、面料的特性、染料的性质等多方面因素，恰当把握扎结的松紧程度。扎结的松紧程度没有固定标准，要扎出精美的花型纹样，就要经过长期实践，不断总结经验，然后不断改进。

（6）染色：染色之前为了防止染液进入防染区，首先要把织物放进水中完全浸湿，再把浸湿的织物放进染液中浸染或煮染。

在扎染中染色也是非常重要的。必须经过染色，才能显现出不同的扎结形成的不同效果。染料的性质不相同，染色的方法也各异。制作者要掌握染料的性质，并且采用特定的操作方法及步骤，才能达到染色程度的准确性。

活性染料

（1）棉、麻、丝织物的染色配方：染料3%～5%，食盐20%，磷酸三钠15%，浴比1：50。

（2）染色工艺流程：首先用清水将染料调和溶解，待染料溶解之后，倒入染锅中并搅拌均匀；再将待染物（清水浸泡过且扎结好）投入染液中，在室温下进行染色，5min后加入食盐，续染5～10min，将其取出，进行高温汽蒸固色，最后进行冲洗、拆结等后续部分[5]。

酸性染料

（1）真丝织物的染色配方：染料1%～2%，乙酸1%，浴比1：50。

（2）染色工艺流程：首先在染锅中加入乙酸，然后将清水调和的染料加入染锅中，搅拌均匀。当染液的温度上升到80～90℃时，将待染物（清水浸泡过且扎结好）投入染液中，并轻轻搅拌，保温染色一段时间。根据染物数量确定染色时间，大件染色15min左右，小件染色5min左右[6]。染色完成后，进行高温汽蒸固色，然后进行冲洗、拆结等后续部分。

（7）高温汽蒸：高温或常温浸染后，要利用高温汽蒸固色，一般汽蒸温度为 102~105℃。

（8）水洗：无论是常温浸染还是高温煮染，染色之后均要用水洗涤。洗涤后水变清即可，一般洗两三遍。

（9）拆线：把水洗后的织物拧干，用小纱剪、镊子将结线拆掉，并进行再次水洗，目的是保持留白部分的清洁。

（10）染后处理：待织物水洗脱水后，把它均匀晾干。将织物上不同形态的折痕和皱纹进行熨烫整理[6]。

12.5 扎染的方法

12.5.1 捆扎法

捆扎法是根据预先的设想，将织物或揪起一点，或顺成长条，或经过各种折叠处理之后，用棉线或麻绳捆扎[4]。其中，圆形捆扎法、对折捆扎法和旋转捆扎法是最常见的。

1. 圆形捆扎法

将织物揪起一点，用线捆扎，花纹既可以扎成同样大小，也可以按由小到大的顺序排列。这种方法非常简单。

2. 对折捆扎法

对折捆扎法是先将织物对折，再捆扎染色，形成的单独图案纹样是对称的；经过一反一正多次折叠后可制成二方连续图案纹样。这种方法的应用非常广泛。

3. 旋转捆扎法

旋转捆扎法是将织物揪起一点，然后把旁边的布围绕这一点转动，卷成一个类似于蛋卷的形状，然后用橡皮筋或绳子米字样捆扎，最终形成的图案是旋转形的。

12.5.2 夹扎法

夹扎法是用三角形、六边形或圆形的木板将折叠后的织物夹住，再用线捆紧形成防染，织物会形成硬直的“冰纹”效果。与折叠扎法相比，其黑白效果更分明，而且色晕也非常丰富。

12.5.3 其他扎法

1. 任意皱折法

任意皱折法其实就是大理石花纹制作，是把织物随意皱折后捆紧，染色；然后再捆扎一次，再染色，就会形成类似大理石纹理的效果。

2. 综合扎法

综合扎法是综合应用捆扎、缝绞及夹板等多种技巧，不同的组合会形成多彩多样的效果。

12.6 扎染的应用

12.6.1 嫁妆

民间姑娘出嫁时，都需要嫁妆。人们把一些扎染的布料做成被、褥、衣、裙摆在箱柜橱之上，然后娘家人抬着柜橱送去婆家，这称为“摆箱”。姑娘们用这种方法，一方面表现了娘家富有，姑娘心灵手巧；另一方面也寄托了自己对未来生活的向往。

12.6.2 服饰

由于人们对扎染服饰需求量的增加，扎染的图案也变得非常丰富，而且越来越复杂。扎染的工艺品至少有数百种，而且形式多样。扎染在现代社会中属于高档的工艺形式，因此被时装工艺大量采用。通过设计者的巧妙构思，采用质地顺滑的天然真丝面料进行服装创作，使人们体会到美感和舒适感，具有独到的民族特色（图12-6）。

图12-6　扎染服饰

现在人们的物质、文化、生活水平不断提高，服饰时装化逐渐成为一种趋势，这让国内外时装界和消费者越来越喜爱扎染艺术。扎染在丝巾和服饰上面的应用非常普遍。扎染在棉、麻、丝、毛、化纤、皮革等面料上均可运用。

12.6.3　室内软装设计

软装设计是一个刚兴起的行业，它伴随室内设计产生，是指对室内空间中一切可移动元素的设计。软装的元素通常包含陶瓷器具、家具、窗帘布艺、植物，以及其他挂饰、摆件等。现在“轻装修，重装饰”的观念逐渐得到人们的认可，所以软装设计在现代室内设计中占有更加重要的地位。在这些软装饰品中，纺织品类的应用特别广泛，如桌布、窗帘、沙发等。同时，软装饰品具备良好的亲和力和适应力，喜欢它的人越来越多。它拥有强烈的感染力、精美的纹样、变幻多样的组合效果，与其他家具物品共同构成了新的空间形式，产生了独特的情趣。

12.6.4　平面设计

平面设计可以为大众提供服务。设计师在设计时要反复揣摩人们的审美，然后不断构思，让设计尽量完美，最后设计出符合现代审美标准的产品。现代社会生活节奏不断加快，人们面临的压力也在不断加大，这让人们更加喜欢简单大方的设计。那些简单而不失情调的设计所呈现出来的超脱感正是现代人们所追求的。为了增加平面设计的中国特色，可以借鉴我国的民间文化艺术。扎染艺术已经在我国发展了相当长的时间，它能满足现代广告平面设计对于设计民族化和个性化的要求。传统工艺是祖先留给我们的珍贵财富，我们要继续将其传承并发扬光大，运用不同的表现手法展示我国传统工艺的

图12-7　日本和服

魅力。在此基础上，我们还应该向其他国家学习。例如，日本著名品牌“三宅一生”，它们的作品拥有强烈的设计感，而且具有非常高的辨识度，让人一看便知这是和风设计（图 12-7）。我们要积极地学习，但是也不能盲目追求欧美风、日韩风，在设计时也要融入独特的中国传统元素，给人留下深刻的印象。在扎染工艺运用的过程中，对花样的使用要适量，不能大量盲目堆砌，给人一种艳俗之感。

12.7　扎染的未来

中国扎染曾经无比辉煌，虽然后来也曾被冷落，但蕴藏着无限生命力。它改变了常规印染一统天下的格局，满足了市场个性化需求。现在人们保护生态文化意识逐渐增强，还有对传统艺术学习的追求，扎染艺术又逐渐重新活跃起来。随着科技的发展，出现了越来越多的染色技术。扎染作为传统的染色技术，相比于现代工业化的染色技术，可能效率要低一些，往日的盛况已经不复存在。但是扎染不仅具有无法替代的实用价值，也是中华民族传统文化的瑰宝之一。它的魅力不仅在于能够染出漂亮的图案，更在于让人们了解中华民族的智慧和心灵手巧。

同时，扎染也在发展。我国西南地区的一些少数民族依然保持着这个传统，并利用新的科技和知识发展扎染技术。如今，不同艺术表现手法在累积，纺织印染科技也在不断进步，所以现代扎染也将摆脱某些技术的限制，创造出新的设计语言，促进现代扎染发展成一种具有科技性、表现手法多种多样、图案风格独特而丰富的艺术，在未来的时尚领域中承担重要的角色。

参考文献

[1] 许岚 . 浅谈手工扎染的工艺特征和传承意义 [J]. 管理与财富，2009，11：152.

[2] 周丽娟 . 扎染色彩风格研究与应用 [D]. 成都：西南交通大学，2008.
[3] 周丽娟 . 扎染发展历史状况概述 [J]. 科教文汇，2008，17：170.
[4] 陈璐 . 浅谈扎染在生活中的应用 [J]. 美术大观，2009，7：227.
[5] 董斯琪 . 扎染艺术在现代服装设计中的应用 [D]. 北京：北京服装学院，2010.
[6] 张毅 . 扎染染色的控制技巧 [C]. 2001 年海峡两岸家用纺织品行业合作研讨会论文集，2002：163-169.

图片来源

图 12-3、图 12-4、图 12-6　刘素琼 . 现代扎染艺术特征与应用研究 [D]. 无锡：江南大学，2015.

图 12-5、图 12-7　董斯琪 . 扎染艺术在现代服装设计中的应用 [D]. 北京：北京服装学院，2010.

13 笔墨年华——书法

诗情『化』意

世人尽学兰亭面，
欲换凡骨无金丹。
谁知洛阳杨疯子，
下笔便到乌丝阑。

——黄庭坚

中国的书法，其发展历史十分久远。就如同我们可以感受到的：山因书法增秀，石因书法生情，水因书法含韵。放眼天地之间，也唯有黑与白这两种颜色能够达到如此分明，又如此清淡素雅、质朴率真，同时还经得起推敲，在千百年的历练与积淀之后变得更加珍贵。书法，如同无声的旋律，需要后人静下来用心去感受！

13.1 书法之自我介绍

书法是一种艺术的形式，这种艺术用毛笔书写且具有审美惯性。书法也是一个民族符号，是中国传统文化艺术发展经历了漫长的五千年的等待所获取的一个结果。书法艺术，一种以中国传统文化为背景的独特的艺术，从某种程度上来说折射出了民族文化、气质、精神等深层内涵。

13.2 书法之文房四宝

13.2.1 笔（毛笔）

关于书写当中所用到的笔，可以追溯至很久远的历史年代。根据甲骨文字未经刀刻过的特点进行判断，其实最早的笔在夏商时期就出现了。通过新石器时代彩陶上的花纹图案来判别，笔的产生其实与五千多年前的历史有关。春秋战国时期各国制笔并用笔书写，因此笔也具有了丰富的名称，如在吴国称为“不律”，燕国称为“弗”，楚国称为“幸”，秦国则称为“笔”。统一称“笔”是在秦始皇统一全国以后，并一直沿用到今天。

关于毛笔（图 13-1）的发明还有一些有趣的传说。其中一种说法是毛笔最早是由战国时期秦国大将蒙恬发明的，但中间经历了几番波折。蒙恬将一支兔毛笔扔在山石坑里，但由于山石坑里有水且含有石灰质，因此这里的水呈碱性，毛笔浸泡在其中之后兔毛就变得更柔顺。后来蒙恬又将毛笔捡起，往墨汁里一蘸，笔毛吸足墨汁，再写字发现变得非常流畅，字体也较之前更圆润。蒙恬根据这支笔的制作材料选择了竹管和兔毛，并给它取了一个非常形象的名字“笔”。

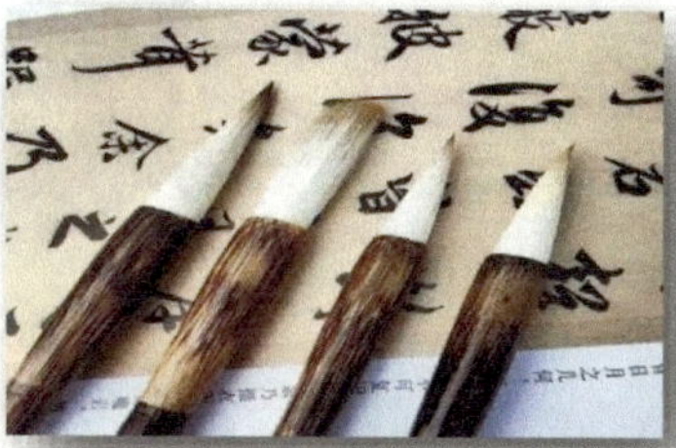

图13-1 毛笔

毛笔种类介绍如下：

（1）硬毫笔：笔性刚健，如狼毫、山马毫、牛耳毫、鼠须、兔毫、鹿毫笔。

（2）软毫笔：笔性柔软，如羊毫笔。

（3）兼毫笔：将硬毫、软毫集在一起，刚柔并济，笔性介于软硬毫之间，如长流、如意，适合初学的人使用。

在毛笔的选择上，一般是借用总结的一套口诀“一支好的毛笔要具备尖、齐、圆、健（四德）”来进行的[1]。

尖：在笔毫聚合的时候，笔锋能收尖。

齐：将笔头先沾一些水再捏扁，笔端的毛变得整齐。

圆：笔肚周围，笔毫饱满圆润呈圆锥状且不扁不瘦。

健：笔毛有弹性，在铺开笔毛后易于收拢，笔力要健[2]。

13.2.2 墨（墨汁）

炭烟、胶料、添加剂和溶液等主要原料齐全之后，为完成墨汁（图13-2）制作，一般还要有机械加工加以辅助。这里主要介绍一些关于原料的信息：炭烟的种类及来源可以分为燃烧各种矿物、植物、动物原料和热分解两种。胶主要有动物胶、植物胶（阿拉伯胶）和各种合成胶，如亚克力胶、聚醇树脂等。另外，各种稳定剂、渗透剂、湿润剂、防腐剂、芳香剂等都是一些常见的添加剂。

图13-2　墨

1. 药墨

古代已经出现过一些药墨的制作。那时主要用于偏远地区的急病救治，如消炎解毒、活血止痛、凉血止血、镇静等。但这些功效说法是否可靠，现在大多已不可考。

古代药墨的原料常含一些名贵的中药材，如犀牛角、羚羊角、牛黄、麝香、冰片、珍珠、金箔、蟾蜍、熊胆等。

2. 五彩墨

五彩墨主要是指红、黄、蓝、白、绿这五种颜色，也有的添入少量赭、绛、青等颜色，因此按实际颜色种类来说早已超过了五种。这种墨之所以在书写和绘画来讲比较受欢迎是因为其具有黏性较大的优点。朱墨是使用频率最高的，一般在更改或批示文书时使用。五彩墨的制造方法与黑色墨相同，具体为：将矿物粉磨至极细用来代替炭烟，加胶量比制黑墨多很多。

13.2.3 纸（宣纸）

宣纸（图 13-3），原产地在安徽省宣城泾县，“宣纸”这一经典称号就与宣城有关。宣纸所具有的一些良好性能，如易于保存、不褪色、耐老化、少虫蛀、寿命长等，使其获得了“千年寿纸”的美誉。

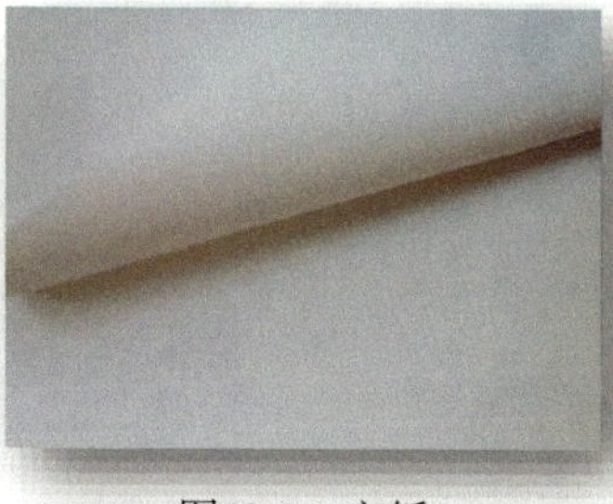
图13-3 宣纸

制作宣纸的选料和其原产地泾县的地理环境紧密相关。

青檀树是当地主要树种之一，青檀皮因此成为宣纸的主要原料。最初所用的原料中没有稻草这一类，后来在皮料加工过程之后用稻草来填衬堆脚，却意外获得洁白的纸浆。从此以后，在制宣纸时开始大量使用稻草。在众多稻草中，最好的要数泾县优质沙田长秆籼稻草，其主要优点是纤维性较强、不易腐烂、容易自然漂白，故有“宁要泾县的草，不要铜陵的皮”的俗语。宋、元以后，楮、桑、竹、麻也列入原料范围，再到后续扩大到十余种。经过浸泡、灰掩、蒸煮、漂白、制浆、水捞、加胶、贴烘等一系列处理之后，还需等待一年才能得到宣纸。制浆过程中，要在纸浆里加入阳桃（猕猴桃）藤汁，这里主要是对汁里胶质的需要，因为这种胶质可以使浆液更均匀，从而使得捞出的湿纸叠放起来也比较好操作，出纸率也会相应提升。于是，阳桃藤也成为不可缺少的原料之一。

宣纸在题诗作画、保存高级档案和史料方面都有非常好的效果。我国流传至今的大量古籍珍本、名家书画，大多是用宣纸书写，在经历岁月的消磨之后几乎还能保持原样。

13.2.4 砚（砚台）

砚台（图 13-4）是伴随着笔和墨的发展而发展起来的。其中，石砚是最早出现的一种。汉代时出现人工制墨，这时的墨可以直接在砚上研磨，因此促进了砚台的发展，后来逐渐有了陶砚、铜砚、银砚、木胎漆砂砚等。六朝至隋朝时期，瓷砚出现。唐代是重要的砚台发展期，砚材主要是端石、歙石。明清时期制砚材质进一步丰富，产生了瓦砚、铁砚、象牙砚、锡砚、竹砚、玉砚等。木砚起源于什么时候没有确切结论，但各种说法中认为是清代的最多。就木材本性而言是不适宜做砚台的，但是加入了文人的浪漫与一些创新的尝试，最主要的是工匠的精巧构思，才得以实现。

图13-4　砚

砚台的保存首先要避开光。砚如果放在窗前案头，则须避免阳光直射，否则砚质会变干燥，日晒时间太长之后砚匣也容易干裂。

赏玩砚台时，为了保护砚台，桌上最好铺上毛毡，砚台不要接触金属或玻璃等器物，并且要轻拿轻放，防止碰伤。

保养砚匣需要打蜡，一方面保持砚匣的光泽，另一方面防止潮气侵入。给砚台上面涂蜡时，有的人会用蜡把砚身涂个遍，有的人用的还是植物油，还有一些人用墨涂抹，以为可以养砚，但事实上这些做法都不妥当。正确做法是：把蜡涂在砚的四周，底部要涂得薄而适中，切忌将蜡涂在砚台磨墨的部分。砚上抹植物油的做法不合适的原因是，植物油属于慢干性油脂，砚面有油的话就很容易粘上尘土，砚容易变脏，甚至散发出怪味或产生霉变。

13.3　书法画作的欣赏

书法的美，首先在于文字，而非只是单纯追求线条美，这是任何时候都不能舍弃的核心。其次，文字的可读性与文字的线条美相互交织，共同影响人们的审美评判。文字是书法艺术得以表现的载体，也需要融入更多的情感表达。观察书法家的书法创作过程，可以发现文字的笔画轻重、粗细、刚柔、方圆、曲直、奇正、向背及笔画中的干、湿、浓、淡、焦等都有很深的讲究[3]。在笔与力的巧妙结合下，文字的线条变化形成无穷的结构空间、线条空间，最后跃然纸上，在观赏的人心中也留下有节奏、有旋律的音乐般的美感。

除文字笔画影响外，文字的含义在书法创作中也起着很大的作用。文字含义中所要传承的思想、情感等，在某种程度上都潜移默化地决定了书法创作，并发挥了不可或缺的作用。

书法不只是纯文字艺术，准确地讲，书法更应该被定义为一种被文化浸润的艺术。它承载了比其余任何一种艺术都要多的文化。在一定程度上，书法被创作群体所影响，书法家大多不是纯粹的书法家，反而多为文人、士大夫、僧侣、隐士、道士、没落的皇亲贵族等组成的文化阶层，从文化心态方面来剖析这一群体是非常深沉且丰富的，再融入各自的文化思想，这些元素在书法的字里行间被呈现出来。也因为不同的文化心态，书法的表现力空间、审美的趣味、视觉空间和美的空间都在一定程度上变得更加宽泛[3]。因此，好书法是不能缺少文化的，可以通过中国的传统绘画和传统书法艺术去感受这种文化精神（图 13-5）。关于品评书法及绘画作品，中国人常说的“有书卷之气”“有文人之气”，本质上就是对书与画中渗透的人文气息、文化气息的关注。如果评价者提到文化精神等相关内容，从一定程度上来说也是对书画作品最大的褒扬。

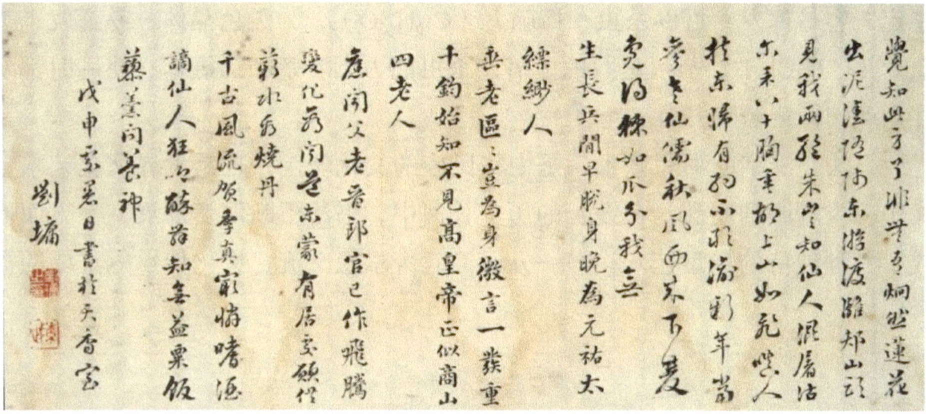

图13-5　书法欣赏

13.4 书法画作的保护

保护书法画作主要需做好防潮工作，如用干燥剂（一般用固体硅胶）吸潮，每千克硅胶可以吸 0.4~0.5kg 水。硅胶吸湿后虽然仍保持固体的状态，但表面不会再潮湿、熔化，加之其具有无污染、无腐蚀性等优点，对书画作品不会产生不良影响，其稳定的性质也确保了一定的使用期。

最好有专用的存放书画的地方，需要对其温度、湿度进行严格的控制，以抑制害虫、霉菌的生长或繁殖。温度在 10℃以下，害虫和霉菌的发育和繁殖会停止，相对湿度在 65% 以下，霉菌不再生长，因此书画库内的适宜温度为 10~18℃，且相对湿度需要控制在 50%~60%。书画属于吸湿性物质，但过度干燥也是不可取的，因为其非常容易干裂。书画是用面粉制成糨糊的黏着剂装裱的，干燥到一定程度，黏着剂发脆，会造成书画物理性朽坏，相对湿度降至 45% 以下，并且长期处于此种情况，就可能损坏书画[4]。

书画地子和设色部位多见返铅现象，其中人物画面部最为明显与多见。解决方案是：用小刷蘸取双氧水擦拭。情况更严重的，待第一次干后再擦第二次，重复即可消除，但这不可避免地会缩短书画的寿命。

书画防虫通常使用驱避剂，主要是易挥发且有特殊气味和毒性的固体药物，放入密封柜（箱）内，使药物挥发出的气体在书画周围保持一定的浓度，效果非常明显。常用的有：萘（$C_{10}H_8$），为白色粉末或片状结晶，化学性质稳定、容易挥发，可以杀虫；樟脑丸（$C_{10}H_{16}O$），为无色晶体，易挥发；二氯苯（$C_6H_4Cl_2$），药效是萘的 5 倍，杀虫能力大。萘和二氯苯在使用时都要注意严禁直接触及书画。

书法是汉字的书写艺术，是中华民族的文化瑰宝，也是世界文化艺术宝库中一颗耀眼的明珠。在漫长的历史长河中，书法不断演变发展，一方面形成了一种独特的造型艺术；另一方面又起着思想交流、文化传承等重要的社会作用。

13.5 书法之于对外交往

书法不仅是中华传统文化的典型代表，也是全人类文明的共同财富。在当下全球一体化的趋势下，中国书法理应承担起东西方文明对话和文化交流纽带和桥梁的重任。

近年来，随着中国综合国力的不断提升，中国在国际社会的影响力也日渐扩大，中国人的文化自觉意识与自信心也变得越来越强。依靠强大的经济实力为后盾，海外出现了大量孔子学院和孔子课堂，其主要是对汉语进行推广以及传播中华文化。以孔子学院为平台，书法文化的传播也得到前所未有的快速发展。派驻到世界各地的汉语志愿者和孔子学院教师肩负使命，将中华民族独具特色的书法艺术传播到世界的每一个角落，也让世人有机会了解、认识中华民族的智慧和创造。

2009 年 10 月，在联合国教科文组织保护非物质文化遗产政府间委员会第四次会议上，我国申报的中国书法等 22 个项目入选“人类非物质文化遗产代表作名录”。中国书法是中华民族的智慧和创造、人类共有的文化遗产，这一属性决定了它理应与全人类共享，而不应只是在中国传承或者在汉字文化圈中传播。

13.6 书法用途之新延伸

书法是一种抽象的艺术，笔画之间，内涵的生动、含蓄、丰富自然流露。文字的变化也使书写提高到了审美的阶段，同时融入了创作者的精神、心境、观念、思维、情感等。

书法应用在包装设计中，不仅能表达设计者的理念，还能从感官上激发消费者的购买欲。在形与意的结合中追求整体和谐，在图与文的结合中打造一种线型艺术，在文化与情感的结合中简洁明了地表现产品属性。

例如，北京奥运会会徽中，中国印的“京”字被巧妙地幻化成一个向前奔跑、舞动着迎接胜利的运动人形，充满了动感与活力。

寄语：

一笔一画书写出的是五千年积淀的风韵，愿人生如书法，经得起时间的冲蚀，留得住不衰的品质！

参考文献

[1] 伊铭 . 书法初学者毛笔要这样选 [J]. 老年教育（书画艺术），2015，5：22-23.

[2] 孙阳 . 对外汉语书法课程设计 [D]. 大连：辽宁师范大学，2014.

[3] 吴敏 . 书法的传统与文化特征 [J]. 福建教育学院学报，2008，1：100-103.

[4] 王红梅 . 书画文物的保护 [C]. 继承发展　保护管理——北京博物馆学会保管专业十年学术研讨纪念集，2010：319-329.

图片来源

图 13-1、图 13-2、图 13-4　http://pixabay.com/

图 13-5　张蒙 . 清四家书法作品赏析 [J]. 文物鉴定与鉴赏，2020，14：1-3，162.

14 浴火涅槃——陶瓷

诗情『化』意

质韫珠光堪作鉴，纹镂花鸟具传神。
盛得朱樱千万颗，满盘琥珀为生辉。
细纹如拟冰之裂，在玉壶中可并肩。
青白釉传色泽美，方圆形似器容珠。
色自粉青泯火气，纹犹鳝血裂冰肤。

——陈凤鸣《何年碧像灵岩栖》（节选）

一件传世的陶瓷，是泥土与清水的凝合，是釉料与烈火的升华，是唯美与坚强的交融。毛笔在宣纸上走出笔锋的浓淡，瓶身的釉料染成或浓或淡的色彩，高远宁静的泼墨山水轻轻地绘在瓶身上，镂空香炉升起的袅袅青烟萦绕在周围。陶瓷就是这样，富有灵气的出生。那似乎是诗人在用妙言佳词制造一个梦，一个轻柔飘逸的美梦。

14.1 陶瓷简介

陶瓷是陶器和瓷器的总称。用陶土烧制的器皿称为陶器，用瓷土烧制的器皿则称瓷器。凡是用陶土或瓷土这两种不同性质的黏土为主要原料，经过配料、成型、干燥、焙烧等工艺流程制成的器物都可以统称为陶瓷。

陶瓷是实用与艺术的完美结合，它不仅为人类提供生活物质，而且具有高品位的艺术欣赏价值。

14.2 陶瓷釉

陶瓷的分类方式多种多样，可以按照用途、性能、是否施釉等进行分类。按是否施釉分类，有有釉陶瓷和无釉陶瓷两种。釉一般是以石英、黏土、长石为原料，经过研磨、加水进行调制后涂敷于坯体表面，再在一定温度下进行焙烧熔融，温度下降时，形成陶瓷表面的玻璃质薄层。从微观结构来看，釉中含有少量的气泡和玻璃态物质，还有未熔融的石英颗粒以及冷却时析出的晶体。就物理性质来看，釉具有与玻璃相似的性质——平滑，有光泽，不易沾污，不透水。就化学特性而言，釉可提高制品的机械强度、热稳定性等。除此之外，釉面还可以进行装饰，从而增强陶瓷制品的艺术感。

陶瓷分类

- 按用途分类，有日用陶瓷、艺术陶瓷、建筑陶瓷、化工陶瓷等。
- 按性能分类，有高强度陶器、耐酸陶瓷、高温陶瓷、电解质陶瓷、光学陶瓷、磁性陶瓷等。
- 按是否施釉分类，有有釉陶瓷和无釉陶瓷。
- 还可以简单地分为硬质瓷、软质瓷和特种瓷等。

14.2.1 釉之谜

1. 釉下彩

釉下彩是釉彩装饰瓷器的主要装饰手段，又称窑彩。它是在已晾干成型的素坯（半成品）上用色料直接施釉绘制各种纹饰，然后施以无色透明或其他浅色的面釉，最后入窑在高温气氛中一次烧成的品种，所需温度为1200~1400℃。烧成后的图案看起来是被一层透明的釉膜覆盖，表面平滑不凸出，显得晶莹透亮，像水晶一样。它最大的特点是操作简单、色彩经久不退、不易磨损、光滑平整、无铅无毒。

图14-1 釉里红瓷

元、明、清时期是景德镇青花瓷釉下彩制作最成功的时期，青花瓷是中国瓷器的代表品种之一。常见的青花瓷、釉里红瓷（图 14-1）、青花釉里红、釉下三彩瓷、釉下五彩瓷、釉下褐彩等都是釉下彩瓷的细分类。

2. 釉上彩

釉上彩是在已经烧成的涩胎瓷器或白釉上用色料绘饰各种纹饰，然后在 700~900℃的低温窑炉中进行二次烧造，低温对彩料进行固化而成。釉上彩的釉色鲜艳，品种极其丰富且艺术性很强，所以釉上彩的应用很广泛。但釉上彩将彩绘施于釉上只经过固化，这与釉下彩先在半成品坯上彩绘图案之后再施釉进行高温焙烧不同，因而其易受磨损，以及易被酸碱等物质腐蚀。

图14-2 斗彩

3. 斗彩

斗彩（图 14-2）又称为逗彩，是汉族传统制瓷工艺的珍品。斗彩烧创于明朝宣德年间，在明朝成化时期最受推崇。斗彩是釉下彩（青花）与釉上彩相互结合的一种装饰品种。斗彩是在高温约 1300℃下已经烧成的釉下青花瓷器上用矿物颜料进行二次施彩，填补在青花瓷器上留下的空白和涂染青花轮廓线内遗留的空间，再放入小窑用低温约 800℃进行最后一次烘烤而成。斗彩以其沉稳老练的色彩、绚丽多彩的色调，形成了一种符合明朝人独特审美情趣的装饰风采。

4. 开片

开片，又有一个美丽的名字，即冰裂纹，其釉面裂纹正如其名，形同冰裂。开片是瓷器釉面的一种自然的开裂现象。开裂的原因一般分为两种：一是坯与釉的膨胀系数不同，经焙烧后冷却时釉层收缩率大而坯层收缩率小；二是在成型时坯泥沿着一定的方向进行了延伸，影响了分子的排列，因此开裂原本是瓷器烧制中一个需要避免的问题。但是人们经过努力，掌握了釉面开裂的规律，从而制出了裂纹釉（开片釉），最后又变成了瓷器中的一种装饰。宋代的哥窑、汝窑、官窑都有这种产品。开片按颜色分有鳝血、金丝铁线、浅黄鱼子纹，按形状分有网形纹、梅花纹、细碎纹等。

14.2.2 釉的性能

（1）坯的烧成温度比釉的成熟温度稍高，要求釉的熔体能在坯上铺展均匀并且坯胎不会产生变形，同时釉要有不小于 30℃温度范围内的熔融状态用以消除釉泡和针孔等缺陷。

（2）釉的膨胀系数要比坯的膨胀系数稍低，使釉与坯在烧成时能够附着成一体，冷却后由于体积效应使釉层处于应力状态，这样能够提高成品的热稳定性与抗张强度。

（3）坯和釉的酸碱度应该相互适应，促使坯与釉之间形成一定厚度的中间层，确保坯与釉能够紧密结合。

（4）釉应该具有较高的抗张强度和与坯相适应的弹性指数。

（5）釉能耐化学腐蚀，在接触食物的各种情况下，不能有毒性成分如铅、镉等析出。

14.2.3 釉的分类

陶瓷釉也有很多分类方式，主要的分类方式有 5 种。按坯体类型分类，有陶釉、软瓷釉、硬瓷釉；按烧成温度分类，有易熔釉（1100℃以下）、中温釉（1100~1250℃）和高温釉（1250℃以上）；按釉面外观分类，有碎纹釉、结晶釉、透明釉、乳浊釉等。还有两种在日常生活中常用的分类方法，按釉的组成分类，有长石釉、熔盐釉、土釉、铅釉、硼釉等；按制备的方法分类，有熔块釉、生料釉。后两种分类方法能够直接反映釉的制备方法及性能。以下介绍其中四种釉。

（1）生料釉：生料釉是将未经过预先熔融的全部原料直接磨细得到。长石釉也属于透明釉、高温釉，主要的原料是石英、长石、高岭土等。长石釉的特点是光泽度好、硬度大、乳白而且柔和，但是其膨胀系数较大，容易产生裂釉。长石釉多用于硬质精陶和瓷器等制品。石灰釉的主要原料则是釉果和釉灰，辅以石灰石为主要熔剂（CaO 含量大于 8%）。石灰釉与长石釉一样硬度大、光泽度好，除此之外，石灰釉透明度高，但熔融范围较窄，用还原气氛烧成时容易引起烟熏。这种釉多运用于釉下彩装饰制品。

（2）熔块釉：熔块釉是为了防止某些水溶性的原料如硼砂（硼釉主要原料）、硝石和某些有毒性的原料如铅釉中的 PbO 等在制备釉浆时溶入水中，先将它们与其他一些无机原料按一定的比例混合，然后经过高温熔融成熔块，最后研细制成。在磨细时还要加入一定量的可塑性黏土，如此制成的釉浆具有较稳定的悬浮性，对坯体也有黏着性。制作有色釉时还可以将一些着色剂融入熔块中一起熔融，使它在釉中分布得更加均匀。熔块釉的优点是针孔较少、釉面光滑细致，所以熔块釉多用于软质瓷制品（如滑石瓷、骨瓷等）及釉面砖。

（3）熔盐釉：熔盐釉不需要制备釉浆，而是在煅烧制品时向高温窑的燃烧室内投放锌盐、钠盐等，使其产生挥发物，这种挥发物在坯体的表面发生化学反应而形成光亮的釉层。熔盐釉的特点是釉层比较薄，但是坚实并能与坯体紧密结合，并且熔盐釉的热稳定性、耐酸碱性等较好，所以熔盐釉多用于化工的陶瓷制品。

（4）土釉：土釉又称为泥釉。土釉是直接采用天然易熔的黏土经过淘洗制得。烧成时采用的气氛不同，颜色会处于黄褐色到黑褐色之间。土釉的特点是制作工艺很简单，成本也较低。土釉多用于制陶器。

14.3 陶瓷制作过程

14.3.1 制作原料

陶瓷的制作原料包括高岭土、瓷石、黏土、着色剂、石灰釉、石灰釉碱等。

长石釉

如果长石釉中的含铁量占到0.8%左右，就会出现淡绿色，常见的廉价瓶子和玻璃窗的绿色都属于此类。随着含铁量的不断增多，颜色也逐渐加深。当含铁量达到1%~3%时，就会出现青绿色或绿色。如果铁的含量再增多，则还原将变得很困难，颜色会逐渐呈现褐色。当含铁量达到5%时，会呈现像糖稀一样的米黄色；含铁量达到8%左右时，就呈现褐色乃至暗褐色。由于颜色过于浓烈，如果釉累积到1.5mm左右厚，看起来就成纯黑色了。

如果釉中含有较多的长石和硅酸，就会使釉的蓝色加深而接近青色。如果减少其中的硅酸且增加盐基，釉会发黄而呈橄榄绿色。如果再混以锶（Sr）或钡（Ba）等金属元素代替釉中的钙（石灰），就会增加青绿色，如此可增加其艳丽的色彩。

锂（Li）：青色

钛（Ti）或锰（Mn）：黄色

锌（Zn）：蓝色

制作陶瓷最主要的原料是高岭土，其化学式为 $Al_2O_3 \cdot 2SiO_2 \cdot 2H_2O$，三者的质量分数依次为 39.50%、46.54%、13.96%。纯净的高岭土外观呈白色或浅灰色，若含有其他杂质，会呈现米黄色、粉红色或黑褐色。高岭土是或致密或疏松的块状，用手易捏碎成粉末，具有滑腻感，煅烧后颜色洁白。高岭土的耐火度高，是一种极其优良的制瓷原料。

瓷石也是生产瓷器的原料之一。它是一种岩石状矿物，由绢云母、石英组成，并有若干高岭土、长石等，呈现致密的块状。其主要成分为 SiO_2、Al_2O_3，除此之外，还含有少量的 Na_2O、CaO、MgO、K_2O、Fe_2O_3、TiO_2 等。瓷石的外观可显现白色、黄白色、灰白色或灰绿色。瓷石有的呈土状光泽，有的含有玻璃光泽，断面无明显的纹理，呈现贝壳状。瓷石的耐火度、结合性、可塑性均较高。

黏土是一种含水的铝硅酸盐矿物，是陶瓷制作原料的一种。黏土是多种微细矿物质的混合体，主要是长石类的岩石经过地质作用与长期风化作用形成的。其主要化学组成为 Al_2O_3、SiO_2、H_2O，还含有少量碱土金属与碱金属氧化物和着色氧化物等。黏土在加水膨润后可捏成泥团，根据需要塑造成各种形状，焙烧后失水变得坚硬致密。黏土具有独特的可塑性和结合性，它的这种性能正是陶瓷制作的工艺基础。

黏土

- 种类繁多
- 分布广泛
- 蕴藏量大

着色剂主要是用来显色的。着色剂存在于陶瓷的胎釉之中。陶瓷中常用的着色剂有 CuO、Fe_2O_3、CoO、Mn_2O_7、TiO_2 等，分别呈现绿、红、蓝、紫、黄等颜色。

石灰釉的主要成分是 CaO，作为助熔剂。石灰釉的特点是易于流釉，釉的透明度高，釉层较薄，釉的玻璃质感强，釉面光泽度好，高温时釉的黏度小，一般在釉层上能清晰刻画纹饰。南宋以前的瓷器大多使用石灰釉。

石灰碱釉除主要含有作为助熔物质的 CaO 外，还含有少量碱性金属氧化物，如 Na_2O、K_2O 等。与石灰釉不同，石灰碱釉不易流釉，能够施厚釉。石灰碱釉高温黏度大，在高温焙烧时，包含在釉中的空气不能逸出釉面，从而在釉中形成许多小气泡，因此釉中会残存一定未溶解的石英颗粒，并析出大量的钙长石晶体。进入釉层的光线因为这些气泡、颗粒、晶体发生散射，使釉层变得乳浊而不透明，从而产生一种温润如玉的视觉效果。石灰碱釉的发明与运用是传统青瓷工艺的巨大进步。

14.3.2 制作工艺

1. 练泥

练泥需先从矿区采集瓷石；然后用铁锤等将瓷石敲成鸡蛋大小的碎块；

紧接着用水碓舂将其打成粉状；之后再进行淘洗，除去其中含有的杂质，沉淀后将其制成砖状的泥块；最后用清水调和泥块，再次去掉浮渣，用脚踩踏或用双手使劲揉搓，将空气从泥团中挤压出来，并使泥与水充分混合均匀。这种瓷石加工方法历史悠久，与景德镇制瓷历史是同步的。

2. 拉坯

拉坯是将泥团放置在辘轳车的转盘中心，并根据手法的收放曲伸拉出坯体最初大致的模样。拉坯是成型的首道工序。要想成功地拉坯成型，首先要熟悉泥料的收缩率，根据不同器型和品种大小以及泥料的软硬程度放宽尺度。如果需要制作尺寸较大的制品，则需要分段进行拉制。可以从各个分段的部分评价拉坯师傅水平的高低和技艺的好坏。景德镇瓷器具有独特的艺术魅力和其瓷文化的形成正是与其独特的工艺、材质等紧密相关，甚至从某种程度上来说，景德镇的瓷器能够名扬天下，除了当地拥有“天赐”的优质黏土之外，更多的是人们利用鬼斧神工的技艺将普通的“东西”变成了艺术的瑰宝。制瓷工艺的灵魂正是这些技艺的不断进化、分工和传承。正是这传承了千年的技艺创造和组成了人类陶瓷史甚至是人类文明史上耀眼夺目的光环。

3. 印坯

印坯是将已经晾制半干的坯覆盖在印模上，印模是根据坯体内形弧线旋削而成的，再均匀地拍按坯体外壁，就可以进行脱模。

4. 利坯

利坯也称为修坯或旋坯，是最后确定器物形状最关键的一个环节，它能够使器物形体连贯、规整，表面光滑。利坯就是将坯体放置于辘轳车的利桶上，然后转动车盘并用刀旋削，达到坯体表面光洁、厚度适当的效果，这是一道技术要求极高的工序。景德镇制瓷工艺正是因为重视内外修坯且优于其他窑系的技术才形成了其独特的陶瓷风格。利坯师傅不仅要熟悉各种泥料的性能，还需要完全了解烧成时各部位的收缩率和造型的曲线变化，以及掌握各部分所需要的留泥厚薄程度。一般情况下，在不同的部位高温烧成时的受力情况与收缩率不同，在同一器物的不同部位，坯体的厚度也是各不相同的。因此，利坯师傅需要控制不同部位的坯泥厚度，以防在烧造时坯体变形。识别及控制坯体的厚薄程度是掌握利坯技术及保证利坯质量的关键。有经验的师傅在判断坯体厚薄时的做法是，用手指上下抚摸并轻轻弹叩，听不同部位的响声。坯体较厚时，弹之会发出“咯咯”声，修至中等厚度时声音则变成“咚咚”，而当坯体修至较薄时会发出“叶叶”的脆声。

5. 晒坯

晒坯就是将加工成型后的坯摆放在木架上晾晒。

6. 刻花

刻花就是用骨、竹或铁制的刀具在半干或全干的坯体上刻画出相应的花纹。

7. 施釉

在施釉时，普通圆器一般采用荡釉或醮釉的方式，大型圆器或琢器则采用吹釉的方式。绝大部分陶瓷制品均需经过施釉这一步骤后才能进窑烧造。施釉看似简单，却是一道极为重要和难以掌握的工序。在实际的操作过程中，要关注各种釉的不同的流动性，还要做到使坯体的各部分厚度适当，釉层均一，这不是一件容易的事。

釉下彩是直接在泥坯上进行艺术加工装饰，然后上釉烧成瓷器。因装饰图案位于瓷器釉层之下将其命名为釉下装饰，主要包括釉里红、青花和釉下五彩等。

釉上彩则是在已经烧成的瓷器釉面上进行艺术装饰加工，包括古彩、墨彩、粉彩、新彩等。

除此之外，还有釉上五彩与釉下青花相结合形成的斗彩装饰。

实际上，自元代以后，瓷器的发展史基本就是中国瓷器彩绘装饰的历史。

8. 烧窑

烧窑（图 14-3）时要用到匣钵。匣钵用耐火材料制作而成，它是焙烧陶瓷制品的容器，能够防止瓷坯与窑火直接接触造成污染，对白瓷的烧制最为有利。烧窑时，首先把陶瓷半成品装入匣钵，然后点火烧窑，燃料一般使用松柴，过程中需要测看火候，随时掌握窑温的变化，决定停火的时间，一般烧窑时间约一昼夜，温度约为1300℃。

图14-3　烧窑

9. 彩绘

彩绘是在已经烧成瓷的釉面上进行纹样、填彩，然后放入红炉中用低温烘烧，温度为700~800℃。瓷器的彩绘与一般的绘画有很大区别，因为在坯体素胎上施釉展现出来的颜色在经过高温烧制与烘烤后会发生极大的变化，这与作画时所见的颜料色是不一样的。一件件貌不惊人、颜色暗淡的半成品，在经过炉火的烧炼后呈现出绚丽夺目的色彩。由此可知，为瓷器作画的画工具有非凡的想象力与特殊的经验。

14.3.3　制作的化学

1. 低温阶段

低温阶段也可以称为干燥阶段，温度范围为室温到300℃。

进入窑炉的坯体一般已经过初步的干燥，但其中仍然含有一定残余的水分（含量在2%以下）。本阶段的主要作用就是排除坯体内残余的水分，温度一般控制在300℃以下，也有的人认为在270℃以下。

在本阶段，坯体的含水量是控制安全升温速度的主要因素。如果入窑坯体的水分含量大于3%，水分过多，易激烈汽化造成坯体开裂，所以必须严格控制升温速度；如果入窑坯体的水分含量小于 1%，升温速度可以适当加快。本阶段气体中的水汽含量较高，所以应该加强通风以及时排除水汽，提高干燥的速度。操作时还应控制烟气温度高于露点温度，防止在坯体表面出现冷凝水，造成制品局部胀大或开裂缺陷。此外，烟气中还含有 SO_2 气体，在有水存在的情况下会与坯体中的钙盐相互作用，生成 $CaSO_4$ 析出，$CaSO_4$ 分解容易使制品产生气泡缺陷。

本阶段内坯体内的化学变化较少，故对气体性质无特殊的要求。

2. 中温阶段

中温阶段又称为分解与氧化阶段，温度为 300~950℃，是陶瓷烧制过程的关键性阶段之一。坯体中含有的有机物、铁的化合物以及碳酸盐、硫酸盐等都会在此阶段发生氧化与分解，还伴随着晶形转变、结构水排除等变化。

1）碳素和有机物氧化

陶瓷坯釉原料一般含有不同程度的碳素和有机物，压制成型时，有时还会在坯体中加入有机添加剂。此外，燃烧烟气中未燃尽的炭粒也可能沉积在坯体表面。这些物质在加热时均会发生氧化反应。其反应式为

$$C（有机物）+ O_2 \longrightarrow CO_2\uparrow（350℃以上）$$

$$C（碳素）+ O_2 \longrightarrow CO_2\uparrow（600℃以上）$$

$$S + O_2 \longrightarrow SO_2（250\sim920℃）$$

上述反应都应该在釉面熔融、气孔封闭前结束，否则容易产生起泡、烟熏等缺陷。

2）铁的化合物氧化

铁的化合物氧化的反应式为

$$FeS_2 + O_2 \longrightarrow FeS + SO_2\uparrow（350\sim450℃）$$

$$4FeS + 7O_2 \longrightarrow 2Fe_2O_3 + 4SO_2（500\sim800℃）$$

FeS_2 是一种十分有害的物质，在该阶段应该将其全部氧化生成 Fe_2O_3。否则，一旦釉面熔融、气孔封闭，再进行氧化操作，就会有 SO_2 气体逸出，可能造成制品起泡，而且生成的 Fe_2O_3 也容易使制品表面变黄或变黑等。

3）分解反应

分解反应主要包括结构水的分解、碳酸盐的分解和硫酸盐的分解。这里就碳酸盐的分解和硫酸盐的分解给予说明。

陶瓷坯体中含有碳酸盐类物质，其一般在1050℃以下进行分解，涉及的主要反应为

$$MgCO_3 \longrightarrow MgO + CO_2\uparrow \text{（500~850℃）}$$

$$CaCO_3 \longrightarrow CaO+CO_2\uparrow \text{（850~1050℃）}$$

$$4FeCO_3 \longrightarrow 2Fe_2O_3 + 4CO_2\uparrow \text{（800~1000℃）}$$

$$MgCO_3\cdot CaCO_3\text{（白云石）} \longrightarrow CaO + MgO + 2CO_2\uparrow \text{（730~950℃）}$$

陶瓷坯体中含有硫酸盐，分解温度一般在650℃左右，涉及的主要反应为

$$Fe_2(SO_4)_3 \longrightarrow Fe_2O_3 + 3SO_3\uparrow \text{（560~750℃）}$$

$$MgSO_4 \longrightarrow MgO + SO_3 \text{（900℃以上，氧化焰）}$$

3. 冷却阶段

冷却阶段还可以细分为急冷、缓冷和最终冷却三个阶段。

从最高的烧成温度（高火保温结束）到850℃为急冷阶段。此时，坯体内的液相物质还在塑性状态，因此可以进行快冷而不造成开裂。快冷不但可以缩短烧成周期，加快整个烧成过程，而且能够有效防止液相吸晶和晶粒长大以及低价铁的再度氧化，从而提高坯体的白度、釉面光泽度甚至是机械强度。

850~400℃为缓冷阶段。850℃以下液相开始凝固，在初期凝固强度很低。573℃左右时，出现石英晶形转变，同时伴随着体积变化。对于含碱和游离石英较多的坯体，高含碱量造成膨胀系数大，并且石英晶形的转变会造成体积收缩应力很大，所以一定要缓慢冷却。

从400℃到室温为最终冷却阶段，一般快冷，降温速度控制在100℃/h以上即可，但由于温差逐渐减小，提高冷却速度实际受到较大限制。而对于含大量方石英类陶坯，在晶形转变区间仍然应该缓冷。

悟一悟

一茶、一盏、一香炉无不经过了烈火的淬炼，希望人生也能经住烈火的考验。

图片来源

图 14-1　刘昕 .“浮梁翠色”之釉里红瓷器 [J]. 东方收藏，2015，4：63-65.

图 14-2　于建武 . 大明成化年制斗彩龙纹瓶 [J]. 文物鉴定与鉴赏，2018，16：120.

图 14-3　http://pixabay.com/

15 缭绕千年的风雅——香道

诗情『化』意

叩齿晨兴秋院静，焚香冥坐晚窗深。
七篇真诰论仙事，一卷檀经说佛心。
此日尽知前境妄，多生曾被外尘侵。
自嫌习性犹残处，爱咏闲诗好听琴。

——白居易《味道》

北宋词人黄庭坚的《香之十德》中说香的好处有："感格鬼神、清净身心、能拂污秽、能觉睡眠、静中成友、尘里偷闲、多而不厌、寡而为足、久藏不朽、常用无碍。"这十种"香德"将香料上升到对人感官和思想的双重陶冶，之后逐步衍生为与茶道、花道、书道并列的第四雅道——香道。

15.1 香道的历史

香是一种气味。道是方法、信仰和精神追求。香道便是气味与信仰的结合。人的生命在呼与吸中诞生和延续，气味与之相伴而来。婴儿出生，最初接触的是母体的气味，然后以此为基因去辨识其他气味，去领悟大自然和人类所给予的各种味道。人类对香味的这种体验与把握开始并不自觉，数代之后才将它提升到道的高度。

15.1.1 香道的起源

从中华文明来讲，真正有文字记载的关于香的认识是从殷商时期开始的。殷商甲骨文中有发现最早的关于香的文字。

香，上头是禾，下面是日。《说文解字》告诉我们，香与谷物有关，与过日子（生活）有关。生命、生活、命运、寿命、性命等人的一切都是与香分不开的。殷商甲骨文中还有“柴”字和“祡”字出现，告诉人们要用火烤熟食物让其生出香味。怎样让谷物及其他物种生出香味来？又怎样让香味发挥敬神灵、祭祖先、护生命的作用？围绕这一切的发现和发明，如燔木升烟、燃蒿避邪、香草防臭、香料防腐，都属于最早的香道。随着人类文明的进步，人们在生活中不断发现、发明和创新，香道的内容和范围也日益扩大。中华文明五千年，讲究四个字“香火不断”。这香火有两层含义：其一指看得见的香火是物质，其二指看不见的香火是精神。

《说文解字》

《说文解字》简称《说文》，东汉许慎著，是世界上最早的字典之一。它是中国第一部按部首编排的字典，对文字学影响深远。

从这个意义上讲，香道源于自然，源于人类对香的理解和把握，是人类对香的使用知识和技能的总结和升华。了解了香道的发展历程，才能逐渐体会到香道蕴含的物质文明和文化精神。

根据中华民族的历史线索，从春秋战国时期的香祭到汉代熏香风尚的兴起，从古代丝绸之路香料的进口到隋唐香文化的完善，从典雅的宋大夫藏品到明清民间熏香药的流行，从皇家祭祀庙宇到普通百姓的住宅，从大中华区的儒道到全世界的五大宗教，香文化代代传承，逐渐发展。在整个历史长河之中，香都是不可或缺的，香道的发展体现着世界文化的发展。

15.1.2 香道的发展

1. 中华香道的发展

《离骚》之香草

《离骚》总共才300多句，提及香草的地方竟不下40处，如木兰、宿莽、江离、留夷、揭车、杜衡、芳芷、薜荔、菌桂等。可见，在战国时期，香草已经应用得很广泛。

香道的发展与香文化的发展密不可分。它一方面以香料、香炉和工艺作为人类应用的载体；另一方面又以形而上学的方式提升和保存了人的灵魂，让人类的精神和肉体在漫长的历史长河中经得起各种考验。这里简要介绍一下我国香道发展的七个主要时期及其特点（图 15-1）。

（1）远古时期的香道。远古时期是中华民族的童年时期。这个时期的香道主要是用香告祭天地，祈求保佑。香料主要取之以木，以烧木升烟为祭。柴祭为主，禾祭为次。

（2）春秋时期的香道。直到春秋时期，黄河和长江流域出现了陶器和青铜器，有了祭祀用的大容器，人们将谷物和动物煮熟以祭天地神灵。这个时期的香道逐渐有了庄严的仪式。

（3）战国时期的香道。战国时期，香道渐渐进入了人们的生活，佩带香草成为时尚。屈原《离骚》所记的香草就是那个时期人们常用的香料，用香草做佩物、用香草煮汤洗浴或点燃香草熏室便是那个时期流行的香道。先秦香的使用和香道的初起，为后世香道开启了先河。

（4）两汉时期的香道。伴随着香炉（图 15-2）的应用和香料的普及，汉代香道成为贵族的生活必备。香道的应用由祭祀神灵更多地转向生活享受。熏衣熏被、熏室安寝、宴饮迎客、祛秽养生成为时尚。汉武帝喜爱用香，让工匠为其设计制作了博山炉，这是专门用于生活享受的香炉，成为后世香道必备的香炉范式。西汉时期，外来香料输入中原，凡是香料均与养生有关。不同的香料配伍出来的香，经过一定的香道程序，具有不同的香味和功能。这使中华香道得到了空前的提升。

图15-1 中华香道的发展

图15-2 香炉

（5）隋唐时期的香道。这一时期，随着国力强大、社会活跃、生活富庶和人们对香的认识的发展，香道逐渐形成了规范的用香体系，走向成熟期。这个时期的香道发扬了西汉时期的香道精神，重在怡情、净心、修炼。唐代对佛教先包容后敬重，很快将佛教融入国教之中，佛教香道规范也进入中华香道的主流。精致的熏香环节成为宫廷盛典朝见、文人雅士聚会和寺院礼仪的必备程序。朝见唐皇的节度使和遣唐使受这种风气的陶冶，对香道大为惊叹，随时习练，并带回自己的国家。日本、越南、韩国等华人圈的国家最先接受并传承了中华香道。鉴真及其弟子东渡带去香料并亲自示范香道，使中华香道在日本得以传播。

（6）宋朝时期的香道。宋朝是香文化的鼎盛时期。香文化从寺院进入普通百姓的家庭，熏香普及社会的各个方面。宫廷宴会、婚礼庆典、茶馆餐厅、书店和闺房，以及生、老、病、死等场所都会使用香，并且注重香的仪式和规范。文人墨客吟唱着生命的芬芳，留下了许多与唐诗相提并论的不朽词句，其中代表人物苏轼、黄庭坚、李清照等的咏香诗、词、赋，都对后世香道产生了深远的影响。《清明上河图》（图15-3）留下的“刘氏沉檀拣香铺”至今让人浮想联翩。宋朝香道的繁荣，标志着中华香道进入鼎盛时期。第一，香料丰富，产品质地优秀。第二，官民共享，每个阶层都可以使用香。第三，香具制作精美，风格新颖。第四，出现了《陈氏香谱》等与香道相关的杰作。第五，香道技法不断提高。怎样发挥香料的最好效用，怎样用合成香料养生，

图15-3 清明上河图（局部）

怎样使香料功能明晰化，怎样使香道艺术化，这些香道问题得以回答，让香道更接近人的精神需求。第六，有许多官烧陶瓷香炉，发明了许多符合香道精神的香印，更好地体现了人们的审美追求。宋代还形成了为后世所推崇的四大高雅人文事件（闻香、听琴、插花、鉴赏绘画）。

（7）明清时期的香道。由于元朝的动乱多于安定，中华香道处于中落状态。明朝的香道与唐宋相比虽然没有大的发展，但有两个显著的特点：一是香料加工技术成熟，出现大量线香的销售和生产，以及香道的简化。用香逐步流行，什么季节用什么香，什么病用什么香预防，一般人都能略知一二。二是有大量与香有关的书籍和作品涌现。其中，周嘉胄所写的《香乘》内容丰富。它详细记录了香料的种类、来源、用途和制作方法。还有一部药书影响深远，即李时珍的《本草纲目》。它除了记载草药的性能和用途之外，还对 10 多种香的使用和制造有简明实用的记录。一部《红楼梦》把清代的生活画卷描绘得淋漓尽致，也把清代用的香料、香道、香方、香诗及其风俗描绘得入木三分。书中提到的用香方法至今还在民间流行，用香方防病治病的例子依旧可以寻到踪迹。特别值得一提的是，香炉作为香道的载体，在清代推陈出新，其形式多样、制作精良，材料考究程度大大超过了前人。在清代的康乾盛世，香深入人们的日常生活。书斋中的香炉、香瓶和香盒，以及香案和香几成为香文化的典型代表。

近代香道与现代化进程相适应，由繁入简，由多到少，逐步淡出了大众视野。

2. 国外的香道情况

香伴随人类文明而来。香道及其文化为香的应用提供了物质与精神的载体。香道和香料的味道给人们带来了物质享受和精神满足。香水和嗅觉的艺术没有边界，也不受时间和空间的限制，受到世界人民的欢迎。

日本学者认为气味可以使人接近神灵，而香道就是最容易接近神灵的技艺。出土的熏香炉可以证明，日本的香道最早可追溯到奈良时代（710—794年）。然而，越来越多的学者认为，日本的香道始于鉴真和尚（688—763）到日本弘扬佛法。鉴真东渡日本时，带去了大量香料和药材。日本平安时代的宫廷文学《枕草子》《源氏物语》和中国的《红楼梦》一样，记录了日本那个时代人们爱香、用香及其香道流变的情况。日本香道发展到江户时代被正式确认以后，从小众消费变为大众消费。不同花香组合的“组香”以环境、季节变化为主进行香料组合，成为香客消费的主体，这进一步推动了香道在日本的发展。明治时代，由于西方文化的影响，日本香道也衰落了一段时间，但第二次世界大战以后，日本的文化复苏很快，香道随之成为日本的国家文化标志之一。日本目前有 100 多家流派，著名的御家流和志野流传到了 50 多代，组香种类达到 100 多种。

越南、马来西亚、印度尼西亚等东南亚国家由于沉香资源相对较好，香道一直活跃。随着中华香道的复兴，越南沉香界也在努力营造着自己的香道氛围。

阿拉伯人通过丝绸之路完成了香料的东西方交易。由于大部分天然香料不易保存和长途运输，阿拉伯人还提取出了玫瑰水和玫瑰油。根据唐宋时期的海关记录，欧洲从东方进口的香料有沉香、乳香、降真香、龙涎香、蔷薇水、檀香、丁香、木香、苏合油等。东方人心中的香料起源地是帕米尔高原，但西方人认为古埃及是香料的发源地。随着香料贸易的发展，西方人开始关注出产香料的东方，并蠢蠢欲动。那些能让食物更美味、让身体感到舒服、遮住身体恶臭、保存肉体不腐、保持青春常驻的神奇物质，成为一种诱发罪恶甚至引发战争的财富。特纳曾在《香料传奇》一书中写道：“香料是探索发现的催化剂，扩大一些，用通俗历史学家有些滥用的词语来说，它们重塑了世界。”[1]

“丝绸之路”知多少

陆上丝绸之路起源于西汉汉武帝派张骞出使西域开辟的以首都长安（今西安）为起点，经甘肃、新疆到中亚、西亚，并连接地中海各国的陆上通道。

3. 香之文学韵味

从《名医别录》《洪氏香谱》到《本草纲目》《香乘》，从《诗经》《史记》到《红楼梦》，历朝历代的经典里都有对香的描述和记录。一些大文人，如李煜、李商隐、苏轼、黄庭坚、朱熹等都有关于香的诗篇传世。香文化在中国的发展过程可以概括为“始于远古，萌发于先秦，初成于秦汉，成长于六朝，完善于隋唐，鼎盛于宋元，流行于明清”。香道文化几乎贯穿了中华民族的整个历史，是一种具有东方古典美的深厚文化。

《红楼梦》中描述了20多种香，秦可卿的卧室里洋溢的是一股“甜香”，令宝玉欣然入梦，神游了一回太虚幻境；黛玉的窗前飘出的是一缕“幽香”，使人感到神清气爽；宝钗的袖中散发出的是一丝“冷香”，闻者莫不称奇。具体而言，该书中写了梅花香、安魂香、百合香、藏香、麝香、迷香、檀香、木香、沉香、冰片、白芷、薄荷等不同品类的香料。香的形状有瓣香、线香、香饼、盘香、末香等。《红楼梦》中，在宴会和佳节庆典上，焚香都是必不可少的仪式。

麝香

麝香为鹿科动物林麝、马麝或原麝成熟雄体香囊中的干燥分泌物，其味辛、性温，归心、脾经，具有活血通经、消肿止痛、开窍醒神之功效，用于闭证神昏、中风痰厥、气郁暴厥、中恶昏迷、心腹暴痛、跌扑伤痛、痹痛麻木、痈肿瘰疬、咽喉肿痛等多种疾病的治疗。化学成分：麝香主要含大环化合物、甾族化合物、多种氨基酸等。大环化合物包括麝香酮。

在热播剧《甄嬛传》中，“香”占用了作者大量笔墨[2]。许多书籍和影视剧都对香的许多细节进行了详细的描述，几乎包括了古代所有使用香的方式，如熏香、祭祀、沐浴、建筑、服装等。

1）香烛

“殿内掌上了灯，自御座下到大殿门口齐齐两排河阳花烛，洋洋数百支，支支如手臂粗，烛中灌有沉香屑，火焰明亮，香气清郁。”古人在蜡烛中加入了纯天然的香料，使蜡烛燃烧后散发出芳香，不仅能够照明，还能让人心情愉悦。

2）熏衣、佩香

用香来熏衣熏被在古代贵族阶级和文人墨客的生活中应用极其广泛，衣服一定要熏过才能穿，尤其是内衣，这样不仅能使身体芬芳，而且还是一种礼仪，是对外人的尊重。古人常在香包里放上香料，随身佩戴。香包就像固态香水，可以起到香身香体的作用，也可驱疫、驱虫、避晦。

3）焚香

北宋文坛巨匠苏轼非常喜欢烧香和修身，他在赴海南儋州途中购买十多斤檀香，并建有一座“息轩”，常在轩中焚香养性。中国现代绘画大师齐白石也高度赞扬焚香画的神奇作用，他说：“观画，在香雾飘动中可以达到入神境界；作画，我也于香雾中做到似与不似之间，写意而能传神。”

香料还是爱情的象征和催化剂。在《圣经·旧约·雅歌》中，新婚之夜的所罗门王拥抱着心爱的女神，鼻尖嗅到了最原始的香氛。据说埃及艳后克丽奥佩托拉七世让恺撒和安东尼倾倒的秘密武器就是长期萦绕在她身上的迷人香气。

15.2 香品的分类及疗效

香品可划分为不同的种类，按照形态特征可以分为盘香、线香等；按照所用原料的种类可以分为龙涎香、沉香、檀香和麝香等。因此，一种香品可归入多个种类。例如，用天然檀香制作的线香，就形态特征而言，是“线香”；就香料的种类而言，是“檀香”；就所用原料的天然属性而言，是“天然香”。

中国的香文化和中医学有着密切的关系，大部分香料都有治病保健等作用，在中药中被称为芳香药物。从现有的历史资料可以看出，春秋战国时期，香料在中原地区就得到了广泛的应用，人们已将泽兰、蕙草、椒、桂、萧、郁、芷、茅等香草用于熏香、辟秽、驱虫、医疗、养生等多个领域。当时，香木和香草的使用方法多种多样，已有熏烧、佩戴、煮汤、熬膏、入酒等方法。中医学的奠基之作《黄帝内经》是最早将“香薰”作为一种治疗疾病的方法介绍于世的，称为“香疗”。

《红楼梦》中提到的安息香是安息香科植物（如青山安息香树或白叶安息香树）的干燥树脂，具有开窍益气活血的功能，主要用于突发昏迷、腹痛和产后出血性眩晕。宝钗在描述“冷香丸”的配伍时，除了四时之花和水外，药引子是和尚给的一包“异香异气”的末药，这末药指的就是某种能止咳化痰平喘的芳香药。

中医的芳香疗法可分为佩香法、嗅香法、燃香法、浴香法等。在汉代，名医华佗就曾用丁香、百部等药物制成香囊悬挂在屋内，用来预防肺结核。香不仅可以外用，而且还能内服。明代李时珍的《本草纲目》中就记载了用线香入药："今人合香之法甚多，惟线香可入疮科用。其料加减不等，大抵多用白芷、芎䓖、独活、甘松、山柰、丁香（图 15-4）、藿香、藁本、高良姜、角茴香、连乔、大黄、黄芩、柏木、兜娄香末之类，为末，以榆皮面作糊和剂，以唧筩笮成线香，成条如线也。"李时珍用线香"熏诸疮癣"，方法是点灯放在桶中，燃香用鼻吸烟咽下。除此之外，还可"内服解药毒，疮即干"。[3]

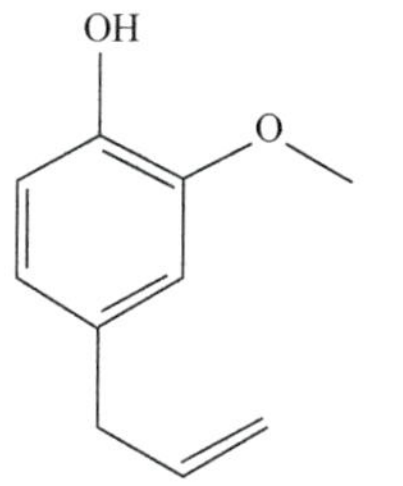

图15-4　丁香酚

主要的香薰疗法有：

（1）佩香：是指将一些有特定功效的芳香药制成粉末状，包装在特殊的布袋中，放于胸前、腰部、肚脐等部位。本方法通过药物渗透，经穴位、经络，能起到活血化瘀、祛寒止痛、疏通经络的作用。我国长江以南地区多阴雨导致湿度较大，蚊虫甚多，人们常佩戴香囊以除潮湿，驱赶蚊虫。屈原在《离骚》中写到"扈江离与辟芷兮，纫秋兰以为佩""户服艾以盈要兮，谓幽兰其不可佩"等。

（2）嗅香：是指选择具有芳香气性的中药研成粉末，或煎液取汁，或用鲜品制成药露，装入密封的容器中，以口鼻吸入，也可将药物涂在人中穴（鼻唇沟上、中 1/3 交界处）上嗅之。该方法通过鼻黏膜将药物的活性成分吸收到血液中，并发挥其作用。可用于治疗头痛、支气管炎、失眠、鼻炎、眩晕、咽炎、中暑等症。例如，在《千金要方》中记载，用当归、薰草、木香、通草、川芎、白芷、羊髓、细辛、蕤仁，制成小丸，纳鼻中。

安息香

安息香（benzoin）又名白花榔、拙贝罗香，是安息香科植物越南安息香的树脂。安息香的主要化学成分为三萜类、香脂酸类和木脂素类，其中苯甲酸含量最高。

丁香

丁香又称雄丁香，指无花丁香。花蕾晒干后作为香料。丁香为芳香健胃剂，可缓解腹部气胀，增强消化能力，减轻恶心呕吐，水煎剂有广谱的抗真菌作用或杀死作用。其主要成分为丁香酚。

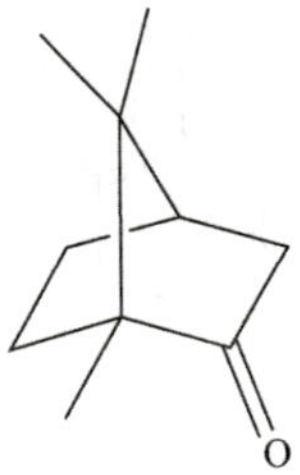

图15-5　樟脑的结构式

（3）燃香：是指将芳香醒脑、辟秽祛邪的中药制成线香、末香、香饼、瓣香等，放在香炉中点燃。此法通过燃烧熏香，使居室内香气缭绕，以清新环境、怡养心神。《本草纲目》中记载：“乳香、安息香、樟木并烧烟熏之，可治卒厥”“沉香、蜜香、檀香、降真香、苏合香、安息香、樟脑（图 15-5）、皂荚等并烧之可辟瘟疫”。燃香所用香中多混有几种乃至数十种香料，这样可使香气更加浓郁，持续时间更加长久。

（4）浴香：是指将有疗效的芳香类中药加入水中，用来洗浴或熏蒸。此方法通过选择不同功效的药材，可健身除病、美容润肤。有研究表明，浴香疗法对风湿症、关节炎、皮肤病等具有显著疗效。《本草纲目》中记载：“香附子，煎汤浴风疹，可治风寒风湿”。《小儿卫生总微论方》中用生姜浴汤，也就是用四两生姜煎汤沐浴，治小儿咳嗽。

15.3　传统的制香工艺

香，不仅能芳香养鼻，还能养神养生，这是传统制香工艺的核心原则。在制香方面，中国古代形成了一套与中医理论、道教外丹理论密切相关的理论体系。它有着非常成熟和完善的工艺体系，也是中国传统文化不可分割的一部分。

15.3.1　合香

香方的建立、香料的运用、配伍和加工等生产过程非常复杂，有一套严格、有效的方法和规范。一些特殊的香不仅对原料、加工、配伍有严格要求，而且必须按节气、日期、时辰安排其配料、和料、出香等过程，才能达到特定的效果。例如，“灵虚香”的制作要求在甲子日进行和料、在丙子日进行研磨、在戊子日进行和合、在庚子日进行制香、在壬子日进行封包窖藏，并且窖藏时要有寒水石为伴等。

目前，市场上普遍存在檀香等单品香，许多人认为这种香是传统香的主要组成部分，这是一个很大的误解。例如，对于檀香，古人曾明确说过：“檀香单焚，裸烧易气浮上造，久之使神不能安。” 事实上，早在汉代，古人就认识到单品香的局限性，产生了香料配伍的概念，并开始使用各种香料进行组合。西汉初期的“四穴熏香炉”表明合香在那时就已趋于成熟。汉代之后，香料配伍水平逐渐提高，香方的种类也越来越丰富，直到明清时期，合香一直是传统香料的主流。

15.3.2 炮制方法

我国的传统香料与中药的生产非常相似。它也是由中药和天然香料制成的。传统香料具有多种配方，不仅气味丰富，而且还具有许多保健作用，如清爽舒心、安神开窍等。

1. 制备原料

传统香的原料由香药、木粉、黏结料、附加性材料四部分组成。香药是传统香最重要的部分，它决定了香气的特点、香的效用，以及香的品质和档次。例如，檀木生长在炎热的地区，火性较大，要先用茶叶、清茶或团茶去火。然后对檀木进行炒制，炒制后将香药按比例混合。配药完成后，要用专用设备研磨。古时候常用石磨、药碾子等工具来研磨香药，现在有一种特殊的研磨设备，反复将配药粉磨成粉末，又称香粉。

2. 和料

和料的具体方法是将研磨好的香药、木粉、榆皮粉等放入搅拌机，加入适量的水，水料比根据原料的特点来确定，通常的比例为 1 ： 1，水的温度以 45℃最为适合。应尽可能一次加够水量，如果在混合过程中加水，就会影响香的韧性和光泽度。将水与料配好加入容器后，开始搅拌，通常搅拌 20min。如果搅拌不足，香料不均匀，不仅影响香气的质量，而且香料中存在空隙，香成型以后容易断开；如果搅拌过度，原料太散，会影响香的品质。

3. 成型

成型需要两种设备，一种是压块机，另一种是挤压机。把搅拌好的原料放入压块机内压成料块，按挤压机的料槽大小确定料块大小。压块要均匀密实，料块中没有气泡为好。料块压好后，按需要出条。先选择好模具，模具一般由钢板制成，钢板上带有许多不同口径的小孔。根据所要制作香的粗细安装相应规格的模具，把料块放入挤压机的料槽中，原料由模具的孔中挤出，变成细长的香条。用平整的香箩接出香条称为接香，经过整理修条之后香条变得整齐，随后线香成型。炼香设备不断更新，使用线香自动装配线更加方便。如果要做盘香，需要通过专门的盘香设备将两支香盘放在一起，并平整地放在香箩上。

4. 晾晒

盘香不用晾晒，阴干即可。晾晒这道工序主要是对线香而言的，线香必须使用晾晒的方法慢慢自然晾干。

5. 包装

为了防止香受潮，更便于储存和运输，常用包装盒包装香品。包装盒也有防止香气挥发的作用，但传统香在常温下的挥发很慢，包装盒的主要作用还是防止香受潮，若用纸盒包装最好选用防潮性能强的附膜纸盒。

6. 窖藏

不是所有的熏香都可以在包装后立即使用，有些香必须在地窖中封存一段时间，才算完成整个制香过程。通过窖藏以后，香料浑然一体，这样烧出来的香气气味更好。窖藏的时间由不同的药、不同的香方来决定，最少需 3 天，常需 7 天，多的甚至需两个月。

中国传统香艺中涉及的概念、规程、技巧是香品效用与品质的重要保证，值得现代人学习、效法和继承。高明的用香者和制香家使用真正遵古法制作的香品，与其他香品的差别极为明显。

香是人类重要的伴侣，那一缕香氛数千年缭绕不绝，香道是在香文化的历史河流中渐渐兴起和完善的一种专属于香的艺术。传承香道是发扬香文化的主力军，是中坚力量。为此，我们需要不断地吸取文化营养，引导香文化的推广与传播。

点化

中国香文化的四种精神

和——柔和的美陶冶出一种安祥空灵的心。

敬——超越自我的欲念是一种内心深处的谦恭。

清——超越现世之途，去除心灵尘埃。

寂——平实深处的恬静的愉悦。

参考文献

[1] 刘建中，刘丽莎 . 简论香道的起源与发展 [J]. 佛山科学技术学院学报（社会科学版），2016，34（2）：1-6.

[2] 潘奕辰 .《甄嬛传》中神秘的香 [J]. 中国集体经济，2015，35：27-31.

[3] 原所贤，张旭明 .《本草纲目拾遗》与红楼香谱 [J]. 中国集体经济，2015，35：34-39.

图片来源

图 15-2　https://pixabay.com/zh/

图 15-3　范雨佳 .《清明上河图》家具图考研究 [D]. 北京：北京建筑大学，2019.

16 璀璨年华——珠宝首饰

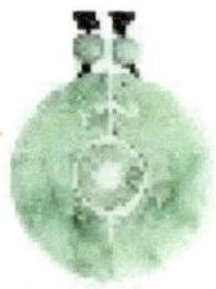

诗情『化』意

玉佩金钿随步动，云罗雾縠逐风轻。

——长孙无忌《新曲二首》（节选）

上述诗中描述了一位古代女子在行走中玉佩金钿随之摇曳，婀娜多姿的情景。首饰从远古时代开始就在社会、文化中起着重要的作用。

16.1 首饰的起源与发展

首饰的形成和演变（图 16-1）在一定程度上反映了各个时代生产力和民族文化的发展，尤其是从首饰的取材用料上更能窥见社会发展和时代变迁的痕迹。

玉文化随着新石器时代的到来而出现，并一同发展，一同延绵。因此，从文化考古学角度而言，中国的新石器时代被称为“玉器时代”。这个时代已经出现了各种各样的玉制首饰和玉制器具，构成了中国古代辉煌的玉文化[1]。

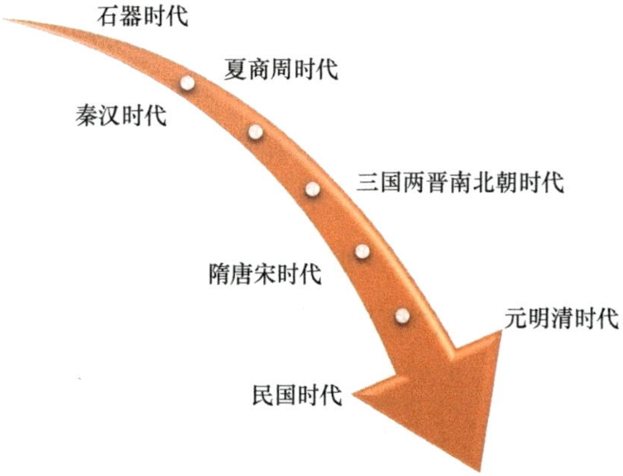

图16-1 首饰的发展时代

人类在夏商周时代就已经学会如何冶铸青铜，制作出一大批青铜工具、铸币、礼品、艺术品与佩饰，因此这个时代又称为青铜时代。此时，玉首饰更为流行，不仅工艺及造型多种多样，而且首饰的题材也有很多种类，如人、兽、鱼、虫等样式的线条十分流畅自然，其中饰物梳、簪子等的种类也有增多。研究表明，我国是世界上最早发明如何冶炼黄金的国家。根据商代的出土文物金叶、金箔、金块和赤金弓形饰等可知，这个时代黄金的加工已经达到非常高的水平，这为后代的金银首饰的出现奠定了基础。

秦始皇统一天下后，将战国时期大小、轻重、形制和成色等都不相同的货币进行了统一，并且实施"以黄金为上币"的货币政策。有数据表明当时的金币纯度达99%，这说明当时黄金的冶炼及提纯水平非常高。两汉时期，黄金和白银被大量开采，铸制了马蹄金及麟趾金等重型金币，黄金、白银等贵金属制作的器皿及首饰的生产得到进一步发展。张骞出使西域，在原有的"玉石之路"的基础上开辟了世界著名的"丝绸之路"。因此，西域各地的首饰及服饰传入中国，玉（石）文化也引进了具有西域特色的宝石文化，宝石的镶嵌、加工与鉴赏的知识也随之传入中国。金银制作的戒指开始出现，虽然样式简单，但有些也镶了玉、琥珀、松石和其他宝石。另外，还出现了传统的妇女金银镶玉的首饰，如玉铛、玉佩、玉珥和玉耳环等。

从三国时代起，西域南亚地区的佛教也沿着丝绸之路开始传入中国，这对中国的宗教与文化、服饰习惯、首饰文化等有着深刻影响。两晋时期中国出现了金制錾花线戒、钻戒以及镶多粒宝石的戒指；南北朝时期还出现了用细金珠镶松石的动物纹金戒指。除戒指外，这一时期还出现了其他金银饰物。

在西安城西隋代的李静训墓中出土了一条采用錾刻、搓花丝、镶嵌等工艺的项链。这条项链的制作工艺十分高超，包括多面金质珠体和焊珠工艺、蓝色珠饰上的凹雕工艺、青金石的环状珍珠边宝石垂饰等，这些特征十分明显是源自西域。由此可知，通过丝绸之路，波斯、印度等中亚、南亚国家的金银首饰及制作技艺已经随着贡使、传教士和商人传入中国，并且促进了中国传统的金银首饰文化进一步发展。

唐代金银饰品的制作艺术辉煌灿烂，经历了长期演变。研究表明，金银首饰的制作工艺在唐代已经发展成熟，被誉为一代东方艺术，是中华民族的骄傲。此外，唐代金银首饰的品种非常丰富，使用范围也在不断扩大，这也是唐代社会繁荣昌盛的标志之一。

元代蒙古人将俘虏来的工匠变为工奴，一方面在一定程度上阻碍了民间工艺美术和手工业的自由发展；另一方面，由于造办局、银局等官办手工作坊的成立，客观上又给了各地工匠相互交流、学习的好机会，从而促进了南北、蒙汉各派艺术的互相交融。明代工艺承袭了元代的风格且表现得更加繁复，尤其是花丝工艺方法齐全、技艺纯熟，产生了一系列别具风格的金银首饰。

清代的饰品制作艺术逐渐向追求烦琐和奇特的方向发展；花丝工艺虽然精益求精，但是造型却显得更加烦琐累赘。清代宝石的雕刻工艺得到大规模发展，既尊崇传统，又敢于创新。

16.2 首饰的种类

首饰的种类繁多（图 16-2），本书主要介绍以下两类。

16.2.1 玉石

玉文化可以说是中国独有的文化，它是一种文化传承与发展，也是一种精神文明的寄托。

从化学的角度来看，玉石有以下几种：

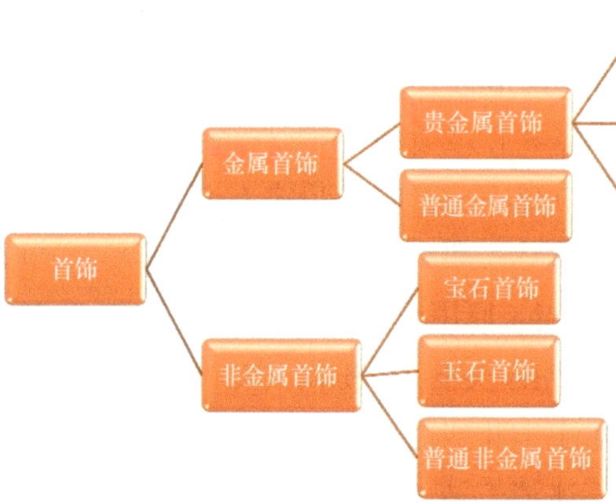

图16-2　首饰的种类

（1）翡翠：Na_2O、Al_2O_3 含量高，属辉石类的硬玉矿物，翡翠的绿色与 FeO 和 Cr_2O_3 的含量高有关。

（2）和田玉、加拿大玉（加碧）：SiO_2、MgO 和 FeO 的含量均与透闪石矿物近似。随着玉石颜色的加深，FeO 含量明显增加，墨绿色的玉 FeO 含量高于 10%。

（3）独山玉：Na_2O 含量低而 CaO、Al_2O_3 含量高，主要由斜长石和黝帘石组成。独山玉有白色、绿色之分，是由 FeO 含量的差异所致。

（4）密玉：主要成分是 SiO_2，含量大于 96%，主要由石英组成，出现绿、红、蓝色差异的原因是含有不同的绢云母、铬云母和蓝线石等，还可能是玉石中所含 FeO 和 Cr_2O_3 的量不一样导致的。

（5）虎睛石：SiO_2 和 Fe_2O_3 含量高，主要由石英和褐铁矿组成，虎睛石的褐黄色由 Fe_2O_3 所致。

（6）岫玉：MgO 和 SiO_2 含量与蛇纹石组分相近，FeO 含量高是岫玉具有色彩的原因。

（7）蜜蜡黄玉：CaO 和 MgO 的含量均与白云石组分一致，呈黄色的原因是含有 Fe_2O_3。

（8）绿松石：是铜和铝的磷酸盐矿物集合体，绿色和蓝色由 CuO 引起。

玉石中含有的 Cr、Cu、Ni、V 和 Ti 等微量元素影响玉石的颜色，其中

Cu 元素是玉石呈绿色的原因之一，大多数玉石中都含有 Cu 元素[2]。

一般来说，对玉的定义基本是指美丽的石头。而称为美玉，则说明石头的质地非常细密，质感温润有光泽。东汉许慎的《说文解字》中说道：“玉，石之美，有五德。润泽以温，仁之方也；鰓理自外，可以知中，义之方也；其声舒扬，专以远闻，智之方也；不挠而折，勇之方也；锐廉而不技，洁之方也。”

中国将玉作为美德的载体，研究者统计发现：中国有 500 多个字、词、成语和玉字有关，如金枝玉叶（原用来形容花木枝叶美好，后多指皇族子孙）、玉琢冰雕（形容一尘不染，明净美丽）、粉妆玉砌（形容雪景及人皮肤白嫩）；宁为玉碎，不为瓦全（比喻宁可壮烈地死去，也不愿意苟且偷生）、琼楼玉宇（形容富丽堂皇的建筑物）、冰清玉洁（比喻品德高尚，德行高洁）。从这些词语可以看出，人们把玉看成可以表达美好感情的最好形式和寄托。

16.2.2　宝石

天然宝石分为宝石、亚宝石和有机宝石三大类，但是真正的宝石只有蓝宝石、红宝石、钻石、猫眼石和祖母绿五种。

红宝石与蓝宝石（刚玉）的主要成分都是 Al_2O_3。红宝石是颜色为红色的刚玉，原因是含有铬元素（Cr）；蓝宝石是除红宝石以外的其他刚玉，蓝宝石呈蓝色是由于刚玉中混有少量铁（Fe）元素和钛（Ti）元素的杂质（图 16-3）。

图16-3　蓝宝石与红宝石

中国的宝石资源十分稀缺，所以并不流行。但东汉末年佛教传入中国，而佛家崇尚七宝，因此西方的宝石才在中国逐渐流行起来[3]。

16.3 首饰的功能

16.3.1 装饰功能

装饰性是珠宝首饰最大的特征。下面以中国的四大美人为例进行介绍[4]。

（1）西施。西施是历史上有名的美人，可是她的耳朵又圆又小，和她漂亮的脸蛋相比不太协调。因此，西施让人制作了一副又大又沉的金耳环来弥补耳朵的缺陷。这对金耳环不仅拉长了西施的耳郭，还使她的瓜子脸看起来更加漂亮，楚楚动人。

（2）貂蝉。貂蝉出身贫寒，据说她的母亲曾经想在她出生时用细绳把她勒死，尽管貂蝉很幸运地没死，但是脖子上却因此留下一条细痕。除此之外，据说貂蝉还有难闻的狐臭。这使得貌美的貂蝉十分苦恼，终于有一天她想出了一个绝妙的办法。貂蝉雇人制作了一条很粗的项链，项链下还有一个装有龙涎香的坠子。佩戴项链后的貂蝉不仅雍容华贵、香气袭人，还掩盖了细痕及狐臭，这使得她更加迷人了。

（3）杨贵妃。丰满是唐代衡量美人的标准之一，杨贵妃由于身材过于丰满，行走时步履沉重，有掩嗒掩嗒的声音，让人有些生厌。所以她让人在裙带上装饰了很多小金铃及玉佩（图 16-4），在行走中金玉相撞，发出清脆悦耳的声音，来掩盖她沉重的脚步声。杨贵妃还有牙痛和口臭的顽疾，一个大臣献上了一对小玉雕鱼，杨贵妃经常含在口里，果然治好了牙痛和口臭。

图16-4　玉佩

（4）昭君。王昭君也有自身缺点，古代以小脚为美，而她却长了一双大脚。“君子无事，玉不去身”，由于在汉代有佩戴玉的习俗，所以昭君请裁缝制作了一条裙下坠满美玉的长裙。这条长裙不仅掩盖了昭君的一双大脚，而且在行走时可发出悦耳之声，昭君显得更加婀娜多姿。

16.3.2 实用功能

首饰是在人类与大自然的斗争过程中产生的。古代人类认为他们战胜了飞禽走兽并能够吸取这些动物的力量，而且还认为佩戴这些动物的骨骼制作的物品和大自然中的美石能够得到强大的精神力量，使他们在生存斗争的过程中变得更加勇猛，因此首饰在远古时期就成为光荣与力量的象征。所以古人认为佩戴贝壳、兽骨兽牙、皮环、珠串、铁镯等原始首饰，既可以让自己免受自然的威胁，还可以避免受到外族人的侵害。传说中宝石具有神奇的力量，无论是辟邪还是祈福，都为信者带来实际的精神安慰。

新石器时代良渚文化就出现了玉觿。《说文解字》中对“觿”作解为：佩角，锐耑可以解结。《诗经》中写道：“童子佩觿。”《礼记》中也说道：“子事父母，左佩小觿，右佩大觿。”以上所称的觿，说明觿具有解绳结的实用功能，因当时的劳动工具有限，所以玉器既是实用工具又具有装饰功能。玉觿主佩于童，还寓意儿童佩觿后可解除疑难“困结”，其引申为希望儿童长大后聪明智慧，遇到困难可以解决问题的美好愿望。随着社会进步，解结的工具更加便利多样，玉觿逐渐失去实用性。

春秋战国时期，衣、服制度发生了巨大的变化，出现了上衣和下裳合为一体的深衣，深衣的衣襟之间用一根根小带子系结起来，起纽扣的作用，这就是带饰。随着服饰制度的变革，用于扣系带的带钩也大量出现。带钩一端曲首、背有圆钮方便系结于带，属于佩饰。《墨子·辞过》中说道“铸金以为钩，珠玉以为佩”，《左传》中所说“置射钩而使管仲相”，《孟子·告子》：“金重于羽者，岂谓一钩金与一舆羽之谓哉”，《荀子·礼论》中说道“缙绅而无钩带”，上述文献中所说的“钩”都是指带钩。

在古代，人们为了方便，发明了簪子来固定头发。随着社会逐渐发展，人们追求美的标准也越来越高，出现了各种各样的簪子，步摇就是其中一种重要的饰品。

16.3.3 传递信息功能

设计并制作珠宝首饰，创作者表达了自己的理念，佩戴者显示了自己的个性与身份，观赏者则在满足视觉享受的同时得以了解对象并界定互动关系。

由于大多数首饰本身材料昂贵，因此世界各国人民都习惯地将首饰当成稀世珍宝收藏。还有的将它们作为传家宝相传。除此之外，首饰还可以作为人们交往和相互传递信息的媒介，可以作为珍贵的礼品赠送给亲朋好友，或者通过在首饰上刻文字或图案，如结婚、银婚、金婚、出生、获奖、就业等的日期和当事人的姓名等来纪念这些重要事件。

佩戴首饰还可以显示一个人的身份及地位。例如，清代的文武官员上朝所佩戴的朝冠上的项珠，这些项珠严格按礼制规定分为一到九品，每一品级朝冠上的项珠都不一样。一品朝冠中饰东珠，上衔红宝石；二品朝冠中饰小红宝石，上衔镂花珊瑚；八品朝冠中饰镂花阴文，金顶无饰；九品朝冠中饰镂花阳文，金顶。

珠宝首饰几乎能够代表人类所有的高尚情操。例如，钻石代表纯洁无邪，红宝石表示赤胆忠心，蓝宝石表示深沉率真，祖母绿表示青春活力，海蓝宝石则代表天真烂漫。

16.4 几种形象的首饰

16.4.1 龙形

龙是古老中华民族的图腾之一，被先民崇拜。随着时间的推移，龙逐渐成为祥瑞的象征。从龙的萌芽到成熟的几千年中，龙一方面促进了中华文化艺术的形成与发展，另一方面也成为中华民族精神的代表。龙纹作为中国典型的传统装饰纹样，与当时的政治、经济、文化紧密相连。从原始社会到今天，发展了几千年的龙文化展示了华夏文明的魅力。

龙的原型源于猪的说法是从玉猪龙而来。玉猪龙是在红山等地发现的一种玉器的称呼，被认为是龙的最早雏形。“C 形龙”是红山文化中最出名的玉器，研究者断定它是5000多年前红山文化的祭祀玉器。它被认为是至今中国发现的最早的玉龙，因此也将它命名为“中华第一玉龙”。商代早期的玉龙大多以身体斜侧为主，阴刻线把龙身和龙腿分成两个部分，只有一条龙腿，身形细小、精美。龙身上大多有云雷纹、菱形纹、重环纹等。龙尾很薄且锋利，形似刀刃，具有一定的实用价值。龙头大多以方形为主，龙头上的龙角在商代呈柱状。玉眼在商代的演变经历了两个时期，到后期形状酷似“臣”字，穿孔的部位多见于玉龙的阔口部，用于装饰、美观且便于携带。

龙纹在春秋战国时期开始逐渐出现清新的艺术风格。龙纹饰品突破了西周玉器龙纹饰的程式化模式，装饰纹饰逐渐变得丰富。此时的玉龙多为饰品，与西周时期玉龙的用途相同，都主要用于装饰，但是又有自己独特的时代韵味。春秋战国时期多为玉璜器，龙首镶嵌于玉璜的两端，中间部分的雕刻多用蟠螭纹，纹饰丰富又不失精美。

16.4.2 凤形

在古代众多的女子首饰中，凤形簪钗是引人注目并且比较独特的一种，历朝历代的女性都比较喜爱。例如，南朝梁诗人吴均在《去妾赠前夫》中写道：“凤凰簪落鬓，莲花带缓腰。”又如，唐代杨容华的《新妆诗》写道：“凤钗金作缕，鸾镜玉为台。”宋代著名词人李清照的《菩萨蛮》也写道：“烛底凤钗明，钗头人胜轻。”

唐代周昉《簪花仕女图》中所绘仕女云髻之上插戴的花枝状步摇是去除枝叶，将珠结系缀于凤喙或为步摇的简化形式，与花枝状步摇相比，其凤凰形象更加突出，多作对称的簪戴，呈现出与花枝状步摇不一样的装饰效果，还可以用来固冠，具有一簪多用的功能。

两宋与辽、金政治、经济交流频繁，首饰样式之间也存在一定的借鉴与参照。不过，就现有资料来看，“凤头簪”“凤头钗”的样式在宋代占据主流。这种样式的形成与两宋女子流行戴冠的风气有密切的关联。各类冠的出现也在一定程度上取代了汉唐以来形制较大的步摇类簪钗。宋代的固冠之簪以圆首长脚簪较为常见，取凤簪固冠自然更加别致动人，独具韵味。

16.4.3 蛇形

蛇的寓意在中国传统的十二生肖文化中被认为可以为人们带来吉祥和好运。蛇被纳入十二生肖，追根溯源是中国祖先对蛇的力量敬畏和生殖崇拜。研究者在母系氏族社会晚期的江南地区和大汶口文化中发现了印有蛇纹的陶器，由此可见蛇崇拜的产生历史悠久。自那时起，蛇就被人们当作兴旺发达、繁衍生育的标志。所以，佩戴蛇形首饰不仅寓意吉祥、美好，也具有求子的内涵，与生育、繁衍、发展有关。

除此之外，蛇在中国古代神话中就具有神圣的力量，并与已有的神话形象相结合。例如，传说中的女娲就是人面蛇身。蛇的神秘、多变的特质逐渐演变成一种形容女性的文化，与珠宝首饰意在凸显女性神秘、多变的装饰功能相得益彰[5]。

16.4.4 中国结

在原始社会和先秦时期，“结”饰的实用性最强，到秦汉时期“结”饰的作用逐渐转变为装饰。隋唐时期，“结”饰文化逐渐趋于写意，与飞天等佛教题材相关。宋辽金元时代，“结”饰中出现了植物等样式，明清时期的 “结”饰文化具有寓意性、象形性和传统性，并且综合地展现出“结”饰文化（图 16-5）。

图16-5 中国结

随着社会文明的进步，原始人的服饰开始取用绳结编织等，后来可称为带。《礼记·玉藻》：“凡带，必有佩玉”，说明玉文化与“系”结带的关系密切。红山文化中神徽纹绶带玉璧两翼犹如飘动的“神带”，这也是我国玉器中绶带纹出现最早的器物。绶带纹的出现说明新石器时代的先人已经开始模仿系结的带子的纹样，并将其运用在玉璧的形制上。

战国时期的玉器“结”饰已经显现出中国传统吉祥文化。战国双扭丝纹玉环的形制犹如绳结，纹饰也是由纽丝纹、绳结纹构成。这种玉器器形的出现就如文字记载有关“结”饰具有丰富的吉祥寓意，如团结、结义、结盟等，当此玉环用于男女婚姻佩戴时又具有结亲、结发、结婚等寓意，同时“结”还具有表示象征事物有始有终的寓意。“结”饰文化不但使绳结超越了原有的使用功能范围，还伴随着中华民族思想文化的不断壮大，给人们的物质和精神领域带来了新的寄托与拓展，富有时代气息和浓厚的文化积淀，并使“结”饰文化的表象更为丰富、寓意更加多元，从而历代相传。

隋唐时期的“结”饰文化与同时期的其他纹样一样，已明显趋向写实，呈现一种新风貌、新气息，线条优美，充满了生活气息。此时期的佛教文化繁荣昌盛，已经完全形成符合本土文化的佛教体系。在“结”饰文化中，绶带纹指以随风飘荡的长绶带为主的纹样。因“绶”与“寿”同音，故以此寓意长寿、福寿连绵、生生不息。凤鸟衔绶带，即寓意美好、长寿。唐玄宗的《千秋节赐群臣镜》说道：“更衔长绶带，留意感人深。”绶带纹在唐代用得较多，以后一直沿用。并与植物纹样结合，从过渡的忍冬卷草纹逐渐转变为样式生动的缠枝花纹，形成凤鸟衔花结。植物纹与动物纹或其他纹饰的结合也颇为丰富。

宋代玉带钩、玉带跨的装饰题材趋于人物，这是受宋代写实的影响，强调传神性。辽、金时期的玉器融入自然场景，所刻山林、熊鹿、花鸟、鱼水等风格写实，自然生动，具有很高的艺术价值。元带钩的特点也十分明显，钩首多为浅浮雕龙纹、花卉纹。

明、清统治者推崇玉器，从而促进了宫廷、民间玉器制作、鉴赏的蓬勃发展。明、清玉器中“结”饰文化逐渐脱离写实的传统，形成了精雕细琢的艺术风格。吉祥寓意的“结”饰玉佩在明清时期样式丰富，琢玉的工艺也十分精湛，令人叹服。

中国几千年发展出的首饰工艺的精髓已经深深地融入中华文化中。任何工艺形式的出现都不是平白无故的，其工艺技术和文化精神是相互关联的。我们要结合文化和技法去领会传统首饰工艺的精华，理解传统工艺“人”的思考方式和“工匠”态度，还要用开阔、自由的心态去接纳并吸收国际上优秀的设计想法及制作工艺，创造出具有中国味道的优秀作品。

参考文献

[1] 任进 . 首饰设计基础 [M]. 北京：中国地质大学出版社，2003.
[2] 陈图华，李向红 . 主要玉石的物性特征及成分研究 [J]. 建材地质，1992，1：8-14.
[3] 林梅村 . 珠宝艺术与中外文化交流 [J]. 考古与文物，2014，1：76-88.
[4] 叶寅生 . 古代四大美人与珠宝首饰 [J]. 珠宝科技，1996，3：10.
[5] 宫婷 . 蛇——珍饰中的文化旅行者 [J]. 艺术市场，2013，6：53-57.

图片来源

图 16-3　https://pixabay.com/zh/photos/pendant-silver-ornament-jewelry-2885037/
图 16-4　https://pixabay.com/zh/photos/pendant-jade-decoration-2330718/
图 16-5　https://pixabay.com/zh/images/search

化 学 篇

17 语言源代码——化学符号

诗情『化』意

锌锡铱年　祝氟大镓
砷锑碱钪
烷铈铷铱
铪钾锌氟

——化学元素的祝福

化学符号是描述化学物质结构、性质，以及物质间反应的语言标记系统，是一种表达研究化学物质间相互转化特征的抽象工具和手段。从近代化学诞生以来，化学家创造的化学符号体系多种多样，包括图式、字母、数字、模型和各种记号，通过不同的表示法则代表化学元素、化学式、分子式、结构式、实验式，以及描述化学反应过程的转化式。

科学家对化学符号不断进行摸索、改善，最终得到一种简明易辨认的通用化学语言。现在使用的化学符号已经成为国际公认的化学语言，并日趋系统化、完善化，这是长期以来无数化学工作者的智慧及创造的结晶[1]。

17.1 化学符号演变史

17.1.1 萌芽期

很早以前人们已经开始用符号来表示一些化学缩写。使用缩写符号和象形文字的历史可以上溯到古希腊和古埃及，也包括中国，中国的方块字有许多是象形文字[2]。古埃及地区是发现化学知识的早期发源地之一，现代西方语言中 chemistry（化学）一词就来源于古埃及的国名。

古埃及人最早学会使用的金属是金，因为金有极其灿烂的色泽，所以这种以天然单质形式存在的金属快速地吸引了人们的注意。随后，古埃及人又认识了铜，不久以后就发明了青铜（铜锡合金）冶炼技术。在古埃及前王朝（公元前 3400 年）时期，古埃及人又发现了铁、银、铅等金属[3]。

来自各个古代文明地区的知识在希腊汇合，产生了丰富多彩的自然哲学，也产生了许多化学著作。一些希腊手稿中记录了希腊文缩写，虽然许多希腊文字典中无法查证出当时的符号意义，但通过研究发现，古巴比伦人所掌握的化学工艺虽不发达，但其天文学知识水准较高，拥有自己的占星术体系，并且将其与自然科学联系起来，用七大天体来表示当时已知的七大金属，如表 17-1 所示。

表 17-1 天体记号及金属

星球	太阳	月亮	水星	金星	火星	木星	土星
金属	金	银	汞	铜	铁	锡	铅
符号	☉	☽	☿	♀	♂	♃	♄

古希腊手稿中一些代表金属和某些化学物质的符号，不仅用图式方法表示，还选用希腊文，用其缩写（表 17-2）表示，如醋（ξOS）、汁液（xνμὸs）等。此种方法书写困难且不易记住，加上东、西方语言不同，因此未能推广到全世界。但是此类符号在化学符号的演变过程中起到了先导作用。

表 17-2 希腊手稿中的符号

金属	金	银	铁	硫黄	铜	锻铜	水	石头	汁液	坩埚
符号										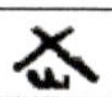

17.1.2 炼金术时期

炼金术的发源地众多。东方的炼丹者执着于将各种物质融合炼出珍贵的长生不老药，而西方的炼金术士执着于将便宜的金属炼成贵重的黄金。由于化学的开端主要是从西方起步的，所以主要讨论西方的炼金术。

最初，各个炼金术士都想掌握炼金的独家秘方，所以各成派系，互不分享。为了防止泄露自己的炼金方法，炼金术士经常使用一些其他人难以理解的符号、隐语和比喻，用于表示他们所用的原料和进行的化学反应。

例如，当时炼金术材料大量使用铁，因为铁常用于制作兵器，就用武士手握矛和盾象征铁，符号“♂”（图 17-1）；砷有毒，就用毒蛇的形象作为符号，在其头顶画上“o-o”符号 [图 17-2（a）]；锑也有毒，就用狼的形象，并在嘴中含有“♁”符号代表锑 [图 17-2（b）]。

图17-1 炼金术士代表铁的符号

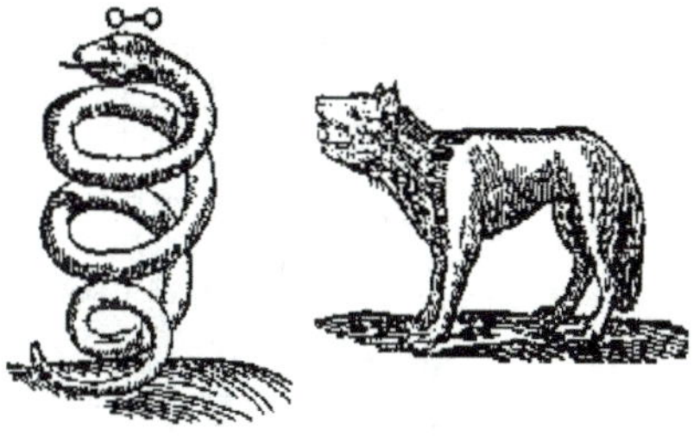

(a) (b)

图17-2 代表砷(a)和锑(b)的符号

佐默尔霍夫（Zommerholf）于 1701 年编撰的一本辞典中，表示醋的符号就有 14 种，表示金的符号至少有 37 种。由此可以看出，炼金术士所使用的化学符号复杂繁多，不便于传播和交流，但是他们创造符号的一些方法，如用缩写表示化学符号，用基本符号组成复合符号等，为后期化学家统一、完善化学符号系统提供了基本方法。

17.1.3 发展期

17 世纪中叶，随着近代化学奠基人波义耳确定化学为科学，提出元素这一概念之后，化学家开始突破传统炼金术的思想，将化学实验研究科学化。随着化学不断地成熟，未知物质和元素陆续被发现，化学体系越来越完整。在此期间，大量科学家开始从事统一化学符号的研究。

1718 年，大乔弗罗瓦（1672—1731）发表其著名的《亲和力表》一书，虽然其中保留了传统的化学符号（图 17-3），但他在该表中高度概括了化学亲和力，使得他所采用的化学符号被广泛使用和流传，这也使他成为近代化

图17-3 《亲和力表》的部分符号

学符号的重要倡导者和先驱者之一。后续多位科学家在其著作中均使用了大乔弗罗瓦的化学符号，并对其进行了大胆的改进和扩充，使得化学符号系统趋于统一化、完善化。18 世纪 80 年代末期，随着法国大革命的爆发，化学也发生了革命性的巨变。拉瓦锡创立了氧化学说，推翻了燃素说，结束了元素观念等一系列化学概念和术语的混乱。拉瓦锡依据化学理论新体系科学地将化合物和元素分类，并对其命名。1787 年，随着拉瓦锡与其余三位化学家合著的《化学命名法》的问世，庞杂的化学知识开始变得条理化，这为现代化学术语体系的统一奠定了基础。

同年，哈森弗拉兹（Hassenfratz，1755—1827）和阿德特（Adet，1763—1832）进行了大胆的尝试，使用字母和几何图形的组合来表示不同元素和物质。这一尝试打破了传统炼金术符号的图式观念，为字母化符号的创作奠定了基础[2]。

（1）用倒三角形加字母代表碱类物质。例如，表示钾碱，表示石灰。

（2）用半圆形表示可燃物。例如，表示氢，表示碳。

（3）用圆圈和字母的组合表示金属。例如，表示铁。

（4）用矩形与字母的组合表示酸基。例如，表示醋酸，表示盐酸基。

这套符号简单明了，可将符号组合并写出化合物，与传统炼金术符号相比有了很大的飞跃。这套符号比较呆板机械，不便于记忆，并且印刷也不方便，所以未被化学界通用。但是这为化学语言的抽象符号开辟了新途径，给了后续者很大启发。

1808 年，道尔顿发表的《化学哲学新体系》详细阐明了道尔顿原子理论，提出了原子全是呈球形的这一理论。道尔顿根据该理论，提出用圆圈符号表示元素和物质，并加以各种点、线、字母来区分不同原子，如表 17-3 所示。道尔顿所设计的符号使其具有了定量的性质，但其不便于印刷，也不便于记忆，所以也未得到推广[4]。

表 17-3 道尔顿设计的化学符号（部分）

化合物	符号	化合物	符号	化合物	符号	
氢		锶		水		 钾碱明矾
氮		钡		氨		
碳		铁		成油气		
氧		锌				
磷		铜		氧化碳		
硫		铅				
镁		银		碳酸	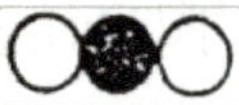	
钙		铂		硫酸	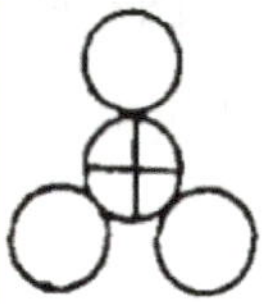	
钠		金				
钾		汞				

17.1.4 成熟期

许多化学家花费了大量时间对化学符号进行研究，不断尝试用更简便、系统的方法来设计化学符号。其中，瑞典化学家伯齐利厄斯仿照《化学体系》中用符号 A、S 等表示矾土、硅石的方法，最终于 1814 年提出建议：

（1）取每种元素的拉丁文名称的首字母(大写体)，以此作为元素的符号。例如，取 H 作为 hydrogenium（氢）的符号；取 S 作为 sulphur（硫）的符号。

（2）对于首字母相同的元素，再取其拉丁文名称的第二个字母，并用小写体。例如，取 Ta 作为 tantalum（钽）的符号；取 Ti 作为 titanium（钛）的符号。

（3）用字母组合方式表示化学式，并将每种原子的数目标在原子的右下角。例如，二氧化硫写成 SO_2；碳酸写成 H_2CO_3。

伯齐利厄斯建议使用的化学符号彻底将传统图式改为字母符号，使化学符号趋于简单化，便于记忆和书写表达。1860 年 9 月 3 日，各国化学家在德国卡尔斯鲁厄召开了第一届国际化学家代表大会，讨论、磋商了国际统一的化学命名和符号，使化学符号系统初步统一和完善。

尽管伯齐利厄斯的书写方式并没有立即取代传统符号，但随着元素周期表和化学结构理论的诞生，化学符号的写法与化学方程式的使用逐渐走向统一，为各国化学家普遍采用，成为世界通用的化学语言。现今翻开任何一本化学书，所采用的符号均是一样的。这彻底结束了炼金术时期符号混乱的局面，极大地推动了现代化学的发展。

17.2 现行使用的元素符号

17.2.1 表达方式

采用伯齐利厄斯的书写方法，用元素的拉丁文名称的首字母大写作为化学元素符号。如果几种元素名称的首字母相同，就在首字母后面取元素名称中第二个字母（或者下一个词根的第一个字母），此时第二个字母用小写，以示区别。

随着时代的变迁，拉丁文已经不再是国际通用语言，取而代之的是英文，所以知晓各种元素的英文名称也是很重要的。大多数元素的拉丁文名称与英文名称相差不大，但某些元素的拉丁文名称与英文名称完全不同。例如，铁元素的拉丁文名称为 ferrum，但其英文名称为 iron。

17.2.2 意义

化学元素符号是现代表达化学学科专业语言的基础，物质分子式的书写、化学方程式的表达等化学专业用语都是在元素符号的基础上发展而来。因此，元素符号对整个化学体系而言有着重大意义。

单个元素符号宏观上可以表示一种元素（具有相同核电荷数或质子数的一类原子的总称），或者某种由单原子构成的物质；微观上可以表示一个原子。

例如，碳 C：①碳元素；②碳单质；③一个碳原子。

科技前沿

氢是一种非金属元素，其单质是一种非金属单质。1935年，科学家就预言在极低的温度和超高压下，可以实现将非金属转变为金属。但几十年来，一直没有科学家实现该预言。哈佛大学的首席研究员 Silvera 一直试图创造金属氢。他经过45年的努力，终于在2016年9月正式宣布了金属氢的存在。这是一种神秘的氢气形式，更令人惊叹的是它能够在室温下无阻抗超导电。虽然目前关于金属氢的测试还在进行，但可以确定的是，金属氢的来源正是宇宙中最为常见的元素——氢。

17.2.3　分类

根据不同元素所主要具有的是金属性（元素的气态原子失去电子的能力）还是非金属性（元素的气态原子得到电子的能力），可将元素分为金属元素和非金属元素两大类。

根据我国使用的元素周期表，主要以其部首偏旁来辨认，元素名称中带有“钅”的元素为金属元素（汞除外），不带“钅”的元素为非金属元素，如带有“石”字旁、“气”字头的均为非金属元素。

17.2.4　元素命名法则

元素的拉丁文名称是如何确定的？这其中不乏很多有意思的命名（各元

素名称都是由拉丁文加上意为“元素”的“ium”词根构成）。

1. 根据元素性质命名

1 号元素——氢（H）：1785 年，拉瓦锡指出水是由氢和氧组成的化合物，所以用意为“水”的拉丁文 hydra 和意为“我产生”的拉丁文 gennao 组合来表示氢。

7 号元素——氮（N）：拉瓦锡根据汞和氧气反应实验发现氮气是无法支持生命活动的气体时，就用“不能支持呼吸”的拉丁文 nitre 和 gennao 组合命名氮元素。

16 号元素——硫（S）：根据硫单质颜色为“黄色”的特性，用意为“鲜黄色”的拉丁文 sulphur 命名硫元素。

拉瓦锡——现代化学之父

拉瓦锡提出了氧化学说，推翻了盛行一时的燃素说，同时提出了质量守恒定律，使化学从定性向定量转变。

然而，这位化学巨人却遭受他人陷害，最终被处死。

24 号元素——铬（Cr）：1797 年，法国科学家沃克兰在一种来自西伯利亚的红铅矿中发现了铬元素。由于其形成的化合物呈现多种颜色，如三氧化铬（CrO_3）为暗红色固体，硝酸铬 [$Cr(NO_3)_3$] 为红紫色固体，重铬酸钾（$K_2Cr_2O_7$）为橙红色固体，所以用意为“美丽的颜色”的拉丁文 chroma 命名铬元素。金属铬常用于制作合金材料的添加金属，现在的人造有色宝石也是添加了铬元素，使其呈现不同色彩。

35 号元素——溴（Br）：因为 Br_2 蒸气具有刺激性的刺鼻气味，所以用意为“恶臭”的拉丁文 bromum 命名溴元素。

2. 以人名命名（为纪念科学家）

96 号元素——锔（Cm）：该元素由美国化学家西博格和他的同事于 1944 年发现。为纪念对科学研究兢兢业业的居里夫妇，所以用意为“居里”的拉丁文 curium 命名锔元素。

99 号元素——锿（Es）：1955 年，美国加利福尼亚大学伯克利分校物理学家吉奥索等发现了该元素。为了纪念“相对论”的创立者、伟大的科学家爱因斯坦，用意为“爱因斯坦”的拉丁文 einsteinium 命名锿元素。

101 号元素——钔（Md）：为了纪念元素周期表的创始人门捷列夫，用意为“门捷列夫”的拉丁文 mendelevium 命名钔元素。

3. 以国家命名

12 号元素——镁（Mg）：因为镁元素是从一种名为“苦土”的镁矿石（主要含氧化镁）中发现的，在希腊的美格尼西亚地区附近盛产这种矿石，所以古罗马人就用意为“美格尼西亚”的拉丁文 magnesia 命名镁元素。

31 号元素——镓（Ga）：根据门捷列夫的元素周期律可以推测出铝和铟之间还空缺一种元素。法国科学家布瓦博德兰通过多次实验终于找到了这种被预测的元素，所以用意为“高卢”（法国的古名称）的拉丁文 gallia 命名镓元素。

32 号元素——锗（Ge）：德国科学家温克勒在一种稀有矿物中发现了锗这种新元素，并以他的祖国——德国的拉丁文 germania 命名锗元素。

4. 以星宿命名

2 号元素——氦（He）：法国天文学家在日全食景象中，用分光镜观察到一条未曾见过的黄色谱线。后经研究证明，这条黄线是因一种新元素产生的，所以用意为“太阳”的拉丁文 helios 命名氦元素。

34 号元素——硒（Se）：著名化学家伯齐利厄斯在硫酸厂的铅室中发现了一种红色粉末状物质，并将其提纯制得了一种单质。此单质随着晶形的改变而呈现出不同的颜色，所以伯齐利厄斯用意为“月亮女神”的拉丁文 selene 命名硒元素。

5. 以希腊神话中神名命名

73号元素——钽（Ta）：由于钽单质具有耐酸腐蚀的特性，所以用希腊神话中宙斯神的儿子坦塔洛斯（由于其受罚而被执行水浸之刑）的名字Tantalus命名钽元素（图17-4）。

图17-4　希腊神话

41号元素——铌（Nb）：由于钽元素与铌元素在自然界中共生共存、难以分离，所以用坦塔洛斯的女儿尼俄伯的名字Niobe命名铌元素。

23号元素——钒（V）：由于钒的化合物与铬类似，具有多彩的颜色，十分漂亮，所以用希腊神话中凡娜迪丝女神的名字Vanadis命名钒元素。

6. IUPAC元素系统命名

国际纯粹与应用化学联合会（IUPAC）规定从103号元素开始，采用序数命名法命名。序数命名法采用数字的拉丁文和希腊文词根拼写方法命名。

数字：0、1、2、3、4、5、6、7、8、9。

词根：nil、un、b（i）、tr（i）、quad、pent、hex、sept、oct、en（n）。

缩写：n、u、b、t、q、p、h、s、o、e。

例如，112 号元素，根据规则，序号数字为 1-1-2，其词根拼写为 un-un-bi，则词尾加上 ium（“元素”的意思），所以 112 号元素的名称为 Ununbium，符号为 Uub。

IUPAC 元素系统命名法主要用于 104 号以后的元素命名，作为临时名称和符号。一旦该元素被发现并取得正式名称后，临时名称和符号就被摒弃不再使用。例如，110 号元素𫟼的临时名称为 Ununnilium，临时符号为 Uun，在它被发现后，就被正式命名为 Ds。

随着科技的发展，人类对化学的认识不断加深，从宏观到微观、从定性到定量，多角度认识世界的本质，认识其发展规律。1919 年，IPUAC 的成立使化学符号体系不断得到完善。符号的统一，消除了各国之间的语言障碍，使化学成为世界通用学术语言，这无疑为现代化学的发展做出了卓越的贡献。

符号的魅力在于它用最简单的轨迹书写出多样的含义。

科技前沿

在旧版本的元素周期表中，原子序数为113、115、117、118 的四种元素一直使用的是临时命名。直到2016 年6 月8日，IUPAC 才正式发布了这四种元素的英文名称和元素符号。全国科学技术名词审定委员会联合国家语言文字工作委员会确定了它们的中文名称：

113 号元素——鉨（Nh），英文名称为 nihonium

115 号元素——镆（Mc），英文名称为 moscovium

117 号元素——鿬（Ts），英文名称为 tennessine

118 号元素——鿫（Og），英文名称为 oganesson

新元素的发现和正式命名，标志着元素周期表的第七周期不再是不完全周期。

参考文献

[1] 许国良，王兵，陈占华 . 化学语言史研究（Ⅰ）：化学符号的产生与发展 [J]. 东北师大学报自然科学版，1991，4：75-80，92.

[2] 郭保章 . 论化学命名法和化学符号的历史演变 [J]. 北京师范学院学报（自然科学版），1991，3：41-47.

[3] 刘孝贤 . 化学符号的历史 [J]. 初中生学习 (高)，2014， Z1：18-19.

[4] 叶蕊，王远渠 . 化学元素的符号 [J]. 化学工程师，1990，5：51-55.

图片来源

图 17-1　https://pixabay.com/zh/illustrations/soldier-sparta-antique-man-fighter-3218246/

图 17-2　叶蕊，王远渠 . 化学元素的符号 [J]. 化学工程师，1990，5：51-55.

图 17-3　http://blog.math168.com/web/printblog.aspx?userid=62004&id=7384

图 17-4　https://pixabay.com/zh/vectors/prometheus-greek-line-art-mythology-5207991/

表 17-1　刘仕龙 . 元素符号的演变 [J]. 化学教学，1994，4：31-32，6.

表 17-2　赵元芳 . 元素符号刍议 [J]. 信阳师范学院学报（自然科学版），1994，2：189-193.

表 17-3　叶蕊，王远渠 . 化学元素的符号 [J]. 化学工程师，1990，5：51-55.

18 文化的载体——文字语言

诗情『化』意

赠人以言，重于金石珠玉；
观人以言，美于黼黻文章；
听人以言，乐于钟鼓琴瑟。

——《荀子·非相》

18.1 文字语言的含义

18.1.1 文字的定义

文字作为书面符号系统，主要用来记录语言的音、形、义。它是人类重要的交流辅助工具[1]。文字的产生和发展是依据现有语言作为基础，并且从属于语言。没有语言，社会不能存在；而没有文字，社会仍可存在。语言学家认为，文字的用途是记录语言，其本身并不是语言系统[2]。索绪尔被称为现代语言学之父，他在其代表性著作《普通语言学教程》中说：“语言和文字是两种不同的符号系统，后者唯一存在的理由在于表现前者。”[3]亚里士多德也曾经提出过文字是“语言符号之符号”。我国著名语言学家张巨龄先生也认为文字只是记录语言的工具，是工具的工具。

18.1.2 语言的定义

结合语音、词汇和语法的符号系统就是语言。语言是非常重要的交流辅助工具，是一种可以把音和义进行有机整合的符号系统。

语言是指同种生物间因为需要而形成的具有统一编码和解码标准的声音（图像）指令。其本质就是以声音符号为物质外壳，以含义为内在涵养，由词汇和语法构成并外显，进而表达人类思想的一种指令系统。

18.2 文字语言的发展史

关于语言的起源可追溯到远古时期，但是有文字记载的历史只能追溯到7000多年前。人们通过文字，可以记录和传递知识。因此，文字的产生促进了人类的社会文明和自然科学的发展，并且起到了任何媒介都无法取代的重要作用[4]。

18.2.1 文字的发展史

中国文字史包括多种文字的历史。

汉字有几千年的发展和演变历史，其大致过程如下：起源时期为商代之前，成熟时期为殷商甲骨文。汉代，在隶书成熟之后，文字发展的历史从古文字阶段进入隶楷阶段；楷书定型于隋唐，又有模仿宋体字而出现的仿宋体，这些就是我们现在使用的字体。

少数民族不仅拥有多种语言和文字，在发展的类型上也存在差异。在漫长的历史文化中，各族人民经过共同努力创造出了优秀的文字文化。

殷墟甲骨文被认为是相对成熟的汉字系统。殷墟和甲骨文的发现，标志着中国殷商历史进入了一个新时代。中国古代文字学家将甲骨文称为目前所能看到的最早且比较完备的文字。

清朝光绪年间，金石学家王懿荣在不经意间发现药材中的龟甲上刻有一些像字一样的纹路，认为是很有价值的古物，于是派人到处搜寻并购买。后来，经过研究发现这些龟甲上的纹路应该就是古老的文字，称为甲骨文（图

18-1）。从甲骨文发展到汉字，经历了金文、大篆、小篆、隶书、草书、楷书、行书等阶段。其中，楷书、行书和草书一直流传至今。

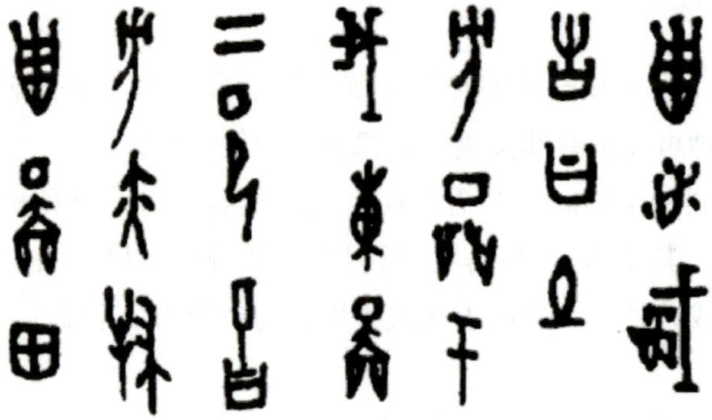

图18-1　甲骨文

18.2.2　语言的发展史

语言发展是指在人类出生后的一段时间内熟练掌握并应用的过程。广义上来说，语言的发展还包括掌握书面语。

严格来说，语言的发展起始于一岁左右的儿童讲出第一个真正的单词。因此，整个过程可以划分为两个阶段，语言准备期和语言发展期。

（1）语言准备期：称为前语言期。主要包括语言产生方面的准备和语言理解方面的准备。

（2）语言发展期：称为儿童语言的发展。主要包括句法发展、词汇理解和语言能力的运用。

18.3　文字语言的内涵

文字的内涵，顾名思义就是人类由于各种需要所创造的一种为了表达某种思想或感情的符号。语言的内涵是表达意义、交流思想的独特工具。所以，文字语言其实就是通过文字这种符号、通过表达某种思想形成的一种体系。

18.3.1　文字

文字是一个汉语词汇，意思为记录思想、交流思想、承载语言。出自《史记·秦始皇本纪》：“一法度衡石丈尺，车同轨，书同文字。”

1. 文字的分类

人类很早就可以凭借口语进行信息的传递，而运用文字记事、传递信息，从而形成书面语的时间则较短。人和动物的重要区别是系统的语言。文字将人类带入了有历史记录的社会，成为文化的主要载体。文字的突破受到了时间和空间的限制，但是它能提高人类的智慧，更好地完善教育体系，促进科学技术的发展，使人类进入文明社会。

早期的文字比较接近图画的形式，由一些简单的图形构成，而且非常接近几何线条的形式（图 18-2），如中国古代的甲骨文、古埃及象形文字、玛雅文字等。汉字的构成方式则主要是直线形式，因此也称为“方块汉字”。也有人将线性文字和非线性文字作为文字的划分。

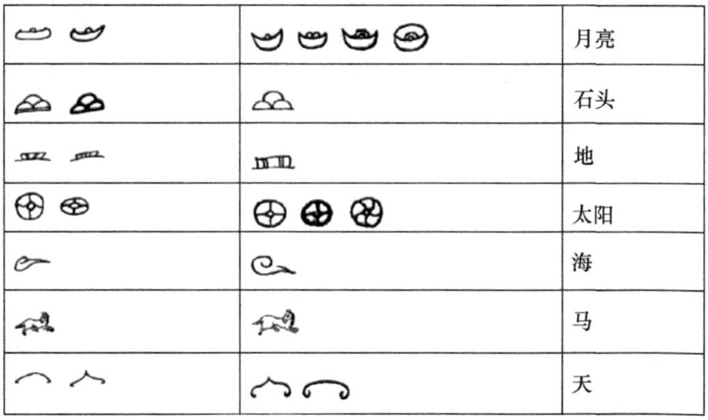

图18-2　早期的文字

2. 书写方向

在用文字记录口语表达时，必须按照说出单词的顺序进行。早期文字的书写方向是不确定的。从水平方向的一边开始，然后转到该行末尾的下一行并开始相反的方向。

希腊文的书写方式被大多数文字所采用：字母从左到右书写，行从上到下书写。现代汉字采用横行文时也基本上是这样书写的。但是阿拉伯文、希伯来文等是从右到左书写的。

在古代，汉字书写由上到下，行由右到左。目前在一些情况下，仍然可以看到有人采用这种类型的书写方式。

18.3.2 语言

语言对于人类交流来说是非常重要的工具，人们进行表达和交流主要是通过语言。人们也会用语言来保存和传递人类文明的成果。语言是一个民族的重要特征之一，每个民族都有自己的语言，其中汉语是世界上使用人口最多的语言。与此同时，语言会对政治、经济、社会、文化、科技等方面产生影响。

18.3.3 索绪尔的语言文字观

索绪尔对语言和文字的贡献尤为巨大。语言和文字是两种不同的符号系统，但却是紧密相连、相辅相成的。文字存在的理由就在于表达语言。文字同其他任何符号一样只有两个要素：物质形式——字形，意义内容——语言。语言可以作为信息的载体，文字又可以作为语言的载体，因此可以称它为“载体的载体”。

图18-3 索绪尔

伟人专栏 现代语言学之父——索绪尔

费尔迪南·德·索绪尔（1857—1913，图18-3），瑞士作家、语言学家，祖籍法国。他是后世学者公认的结构主义的创始人，现代语言学理论的奠基者。索绪尔是现代语言学之父，他把语言学塑造成为一门影响巨大的独立学科。他从1907年开始讲授“普通语言学”课程，先后讲过三次。索绪尔对语言学界的影响巨大且深远。

18.4 化学语言

18.4.1 独特的化学语言

化学作为一门独立的学科，有自己的语言体系。

化学语言与箭头、减号、等号、加号等的简单组合组成了特有的化学用语，这些化学用语包含了丰富的意义。

其中，化学文字语言是在自然语言的基础上形成和发展起来的。通常来说，化学文字语言是用来传递化学信息的专业用语。

语言作为思维的载体，可以把它看成人们互相交流思想的一种手段。任何学科都有自己的语言，化学也有自己的语言（图 18-4）。化学语言是表达化学思想的专门语言，是存储、传承和加工处理化学思想信息的工具。人们通常将其分为符号语言、文字语言和图表语言。

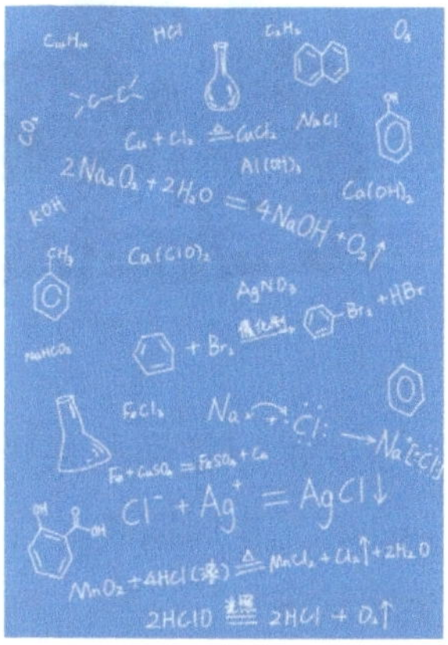

图18-4　化学语言

18.4.2 化学元素、原子概念的起源及发展

化学中的文字语言是自然语言中的化学语言。在化学教学中，理解元素和原子的概念可以帮助教师在解释化学方程式时更好地理解它们的含义。如何让学生建立元素与原子的概念呢？换句话说，元素和原子应该如何理解呢？为了更好地诠释元素、原子的概念，教师应该从概念的起源开始说起。

化学元素思想的起源很早，古代有五行学说。中国的五行学说是具有实际意义的，有时表现为基本性质。水的性质润物而向下，火的性质燃烧而向上，木的性质可曲可直，金的性质可以熔铸改造，土的性质可以耕种收获。然而，无论是古代的自然哲学家还是炼金术士或医药学家，他们对元素的理解都是基于观察或推测客观事物。

化学元素是指具有相同核电荷数的一类原子的总称。通过元素的概念可以看出，只有先了解原子的结构才能建立元素的概念，也就是解释说明原子是构成元素的基本单元，因此我们必须明确科学的化学用语。

18.4.3 元素周期表与元素周期律

元素周期表最初由门捷列夫（图 18-5）于 1869 年创建，并经过了多年的修订才被完善。化学元素的性质随着元素的原子序数（原子核外电子数或核电荷数）的增加而呈周期性变化的规律称为元素周期律[5]。元素周期律的发现是化学系统化过程中的一个重要里程碑[6]。

图18-5 门捷列夫

元素周期表经常被人们作为学习和研究化学的重要工具[7]。元素周期表是元素周期律的具体表现，它反映了元素之间的内在联系。可以通过元素的性质、它在元素周期表中的位置以及它的原子结构来研究化学。元素周期律是自然科学的基本规律。元素周期律和元素周期表在自然科学的许多领域都是重要的工具，如化学、物理学、生物学等。

作为文化的载体，文字语言伴随着人类文明的发展。与此同时，化学中的文字语言也在引领人们更好地认识这个多彩的世界。

伟人专栏

近代化学启蒙者——“化学翻译官”徐寿

徐寿（1818—1884，图18-6），字生元，号雪村，江苏无锡人，清末科学家，中国近代化学的启蒙者。在中国，系统地介绍近代化学的基础知识大约始于19世纪60年代。在这一方面，徐寿做了重要的工作，许多科学史专家都公推徐寿为中国近代化学的启蒙者。其所创造的钠、钙、镍、锌、锰、钴、镁等化学元素的中文译名一直沿用至今，这是徐寿的一大贡献。

图18-6 徐寿

参考文献

[1] 陈佑林 . 论口语与书面语的关系 [J]. 华中师范大学学报（哲学社会科学版），1987，6：122-128.

[2] 孟华，王乐洋 . 汉字物质结构研究的合治观——兼论索绪尔的文字结构思想 [J]. 语言文字应用，2005，2：34-39.

[3] 费尔迪南・德・索绪尔 . 普通语言学教程 [M]. 北京：商务印书馆，1980.

[4] 张朋朋 . 语言和文字之间的区别、联系和相互转化 [J]. 汉字文化，1994，2：15-24.

[5] 张辅文 . 元素周期律 [M]. 四川：四川科学技术出版社， 1988.

[6] 凌永乐 . 化学元素周期律的形成和发展 [M]. 北京：科学出版社， 1979.

[7] 徐秋云，李远蓉 . 试论化学语言及其教育价值 [J]. 化学教育，2006，9：11-14.

图片来源

图 18-1　柳学智 . 甲骨文与甲骨文书法 [D]. 武汉：华中师范大学，2002.

图 18-2　王敬婷 . 东巴文象形字研究 [D]. 上海：华东师范大学，2017.

图 18-4　https://pixabay.com/zh/illustrations/hidroxidehidroepiandrosterona-ed-835906/

19 文·化协奏曲

文化交响

化学给人以知识，

化学史给人以智慧。

——傅鹰

19.1 文·化同根

19.1.1 文·化相随

从古至今，人们对文化的定义众说不一，但被大多数人接受的定义为：对政治、经济而言，文化是人类全部的精神活动和附属的活动产品。人类文明的发展逐渐演绎成两种不同而互补的文化形态——人文文化和科学文化。人文文化就是弘扬人类精神；科学文化就是培养科学的所有领域，包括数学、物理学、生物学、化学、医学、地质学、地理学和天文学等。科学可以定义为：

实践活动就是把主观认识与客观实际进行统一整合，既是通往预期目标的实质，也是联结现实与理想的条件。“科学是一种文化”的观点已被大部分人认可并接受。化学从属于科学，因此，化学与其他科学一样，也是一种文化[1]。

19.1.2 文·化相依

马林诺夫斯基论述文化应包含物质设备、精神方面的文化、语言符号[2]、社会组织。化学有自己特有的仪器设备，如图 19-1 所示。除此之外，化学也有自己的知识道德体系、语言符号组织体系。化学文化已经具备一般文化的基本构成。在源远流长的历史文化长河中，化学作为一种文化是怎样起源的呢？在人类历史的演变中，化学经历了古代化学、近代化学及现代化学时期。古代化学时期，化学知识还没有形成完备的体系，可以称为萌芽时期，但人类已经进行了一些化学活动，如炼丹术、炼金术、利用火烤制食物、制陶器、冶炼青铜器和铁器等。近代化学时期是化学科学的建立时期，化学经历了燃素时期、定量时期，慢慢趋于系统化。这一时期出现了许多伟大的化学家，如波义耳、拉瓦锡、道尔顿、阿伏伽德罗等[3]。各学科的相互渗透交叉时期就是现代化学时期，物理化学、生物化学、高分子化学、食品化学、材料化学等化学分支学科推动了现代化学的发展。

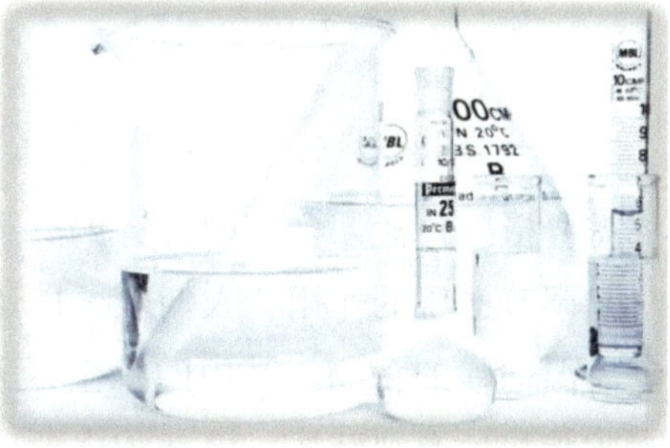

图19-1 化学的仪器设备

19.2 多彩文·化

人类文化是多种多样的，化学文化的体现和传承也有很多种方式，可以体现在饮食、服饰、艺术和语言等诸多方面。

19.2.1 饮食篇

在饮食方面，化学文化可以从菜文化、茶文化和酒文化中有所体现（图 19-2）。

图19-2 饮食文化

在菜文化（图 19-3）中，调料中包含许多化学知识，自古以来人们食用的食盐、糖、味精、醋及酱油的主要成分都有相应的化学结构及组成。化学结构及组成的差异导致它们对人体产生的作用不同。例如，人类每天都需要摄入食盐，食盐中含有钠离子和氯离子，可维持细胞间的水平衡，同时起调节血压的作用。人们也可以运用化学知识选择健康的菜肴。例如，经过高温油炸的食物，其中的维生素 A、维生素 B、维生素 C、维生素 E 和必需脂肪酸会遭到破坏，氨基酸逐渐分解，产生有害物质丙烯酰胺，不仅会使人产生嗜睡、记忆衰退、颤抖等症状，还可能突发脑溢血。在古代，人们总喜欢野外生烤食物，但是由于当时的化学知识有限，他们并不知道这样的习惯会带来多大的危害。肉类物质在高温下进行烤制，会产生致癌物质苯并芘。另外，腌制食物中也同样含有致癌物质。菜文化中处处体现化学知识，人们掌握了其中的化学奥秘，不但可以获得美味，更可收获健康。

中华上下五千年，茶和酒也孕育了自己的文化。茶叶中的化学成分有 400 余种，茶多酚（GTP）为主要成分。它是茶叶中多酚类物质的总称，有抗衰老、降血糖以及预防心血管疾病的功效（图 19-4）。而且，其中含有氨基酸、生物碱、芳香族化合物、糖类、类脂化合物、维生素以及无机化合物等多种化学物质。

酿酒过程也同样体现化学知识，在白酒的酿造过程中，主要发生糖酵解的化学过程。

由此可见，饮食文化中处处渗透着化学的知识。

图19-3　菜文化

图19-4　茶文化

19.2.2　服饰篇

中国历代以来对服饰的材料及染料都十分讲究，这也是一种服饰文化的表现。中国服饰材料的发展过程历史悠久，从树叶、兽皮到棉、丝、麻等天然纤维，再到化学纤维的利用，化学在服饰文化中逐渐占据越来越多的分量。化学纤维类的服饰很多，如合成纤维及人造纤维。由于不同材料的化学组成及结构有差别，所以每种材质的服装都有各自的特点。例如，锦纶弹性和吸汗性好，但易变形，涤纶不易变色但不吸汗，粘胶纤维的特点包括光滑凉爽、透气、抗静电、防紫外线等。古代，服饰的材质也能体现出尊卑等级。平民百姓的衣料多为麻布和葛布，皇族贵戚则多穿戴丝帛等材质的服饰。与此同时，服饰的化学材质也影响穿着的舒适程度。在科技高速发展的现代，科学家运用化学知识生产符合社会需要的新型服饰，正在踏入服饰文化的新征程。

服饰的另一个重要组成当属染料。染料属于化学物质，能够以某种方式溶于水，进而扩散到纤维中并与纤维结合，最终让纤维拥有美丽多彩的颜色（图 19-5）。由此可见，服饰中的文化也离不开化学的身影。

图19-5　服饰文化

19.2.3　艺术篇

化学与人类的生活息息相关，在艺术方面也不例外。化学在烟花、胶片、建筑、扎染、书法、国画、陶瓷、香道及珠宝首饰等文化中都有体现。烟花的历史悠久，最早人们为了赶走猛兽，将竹子放在火中燃烧，这是烟花的萌芽时期。宋代，烟花已经成为一种娱乐用品，现在烟花更是一种美好氛围的表达。烟花的组成几乎全是化学成分，如氧化剂包括硝酸钾、硝酸钡等，还原剂包括炭、硫、铝粉、磷等。烟花之所以出现五彩缤纷、鲜艳夺目的美丽图案，是因为烟花利用不同金属元素的焰色反应，钠的焰色反应为黄色（图19-6）；锂的焰色反应为紫红色；铷的焰色反应为紫色；钙的焰色反应为砖红色；钡的焰色反应为黄绿色；铜的焰色反应为绿色。在美丽的烟花绽放过后，会带来空气污染，烟花燃烧后会产生有害气体，如二氧化硫、二氧化氮。我们要运用化学知识生产环保烟花。

图19-6　烟花

19.2.4　语言篇

1. 文字语言

语言是一门艺术，通过语言的丰富表达，能相互传递大量信息[4]。传递化学信息的专业用语就是化学语言，主要包括文字、符号、反应式。

化学中的文字语言是自然语言中的化学语言。化学中的文字语言不仅融合了自然文字，也体现了自然语言中的语法规则，而且在多数情况下其含义也是相同的。简言之，有自然语言作为基础，化学文字语言才能够形成和发展。但是，化学文字语言不是自然语言文字的简单组合，而是经过一定的加工、改造、限定、精确化衍生出来的。

2. 符号语言

化学语言可以分为符号语言、文字语言、图表语言。用符号作为化学缩写的文化历史悠久，古希腊、古埃及，包括中国都用符号作为化学缩写。简单的元素符号体系由道尔顿创立，一个符号代表一个原子，两个原子则用两个符号表示，具有定量性质。在人类文化历史上，化学符号语言闪闪发光，温德尔里希曾说："化学式是而且仍将是物质组成及物质间所发生过程的可以想象的最简明的表达方式。古代的神秘记号，至多不过是用于化学家盛原料的玻璃容器或陶制容器的标签上；而我们利用由此发展起来的这种简便手段表达了极其丰富的内容。这是人类心智的丰功伟绩，值得我们现代人做出肯定的评价。"

19.3 结语

在人类的各种历史文化中，化学总是相伴左右。化学不但文化历史悠久，而且文化底蕴深厚。人类文明进步的基础就是化学的发展，同时社会的进步又将推进化学进一步发展。诺贝尔化学奖获得者西博格曾评价"化学是人类进步的关键"。化学在人类认识自然、改造自然的过程中发挥了不可替代的作用。

新时代下，我们应当正确认识化学，了解其文化内涵，以化学学科核心素养"科学态度与社会责任"应用化学，谱写灿烂的文化篇章[5]。

参考文献

[1] 李赫宇 . 浅论科技文化之：化学文化文化意蕴的化学 [C]. 科技创新与产业发展（B 卷）——第七届沈阳科学学术年会暨浑南高新技术产业发展论坛文集，2010：4.

[2] 郭保章 . 论化学命名法和化学符号的历史演变 [J]. 北京师范学院学报（自然科学版），1991，3：41-47.

[3] 张胜义 . 化学社会学：化学文化与人文文化的结合 [C]. 2006 年全国兄弟省市理化检测与质量控制学术交流会论文集，2006：6.

[4] 毕吉利，周福盛 . 文化视域下化学教育的生命价值 [J]. 课程・教材・教法，2018，9：107-113.

[5] 王卫军 . 刍谈中学化学学科的文化属性与价值 [J]. 化学教与学，2017，5：13-16，10.

图片来源

图 19-1　https://pixabay.com/zh/photos/lab-research-chemistry-test-217041/

图 19-2　https://pixabay.com/zh/photos/herbs-natural-pharmaceutical-green-906140/

图 19-3　https://pixabay.com/zh/photos/cooking-wok-chinese-asian-food-1835369/

图 19-4　https://pixabay.com/zh/photos/tea-set-teapot-2064504/

图 19-5　https://pixabay.com/zh/photos/shanghai-cheongsam-tianzifang-2422332/

图 19-6　https://pixabay.com/zh/photos/sparkler-fireworks-hand-839831/